Ulrich Hoffmann

50 philosophische Erkenntnisse,
die das Leben leichter machen

GOLDMANN

Buch

Philosophie für den Alltag: Diese 50 wissenschaftlich belastbaren, gut erforschten und kritisch kommentierten Erkenntnisse aus tausenden Jahren Philosophiegeschichte machen das Leben tatsächlich ganz konkret leichter oder einfacher. Ulrich Hoffmann präsentiert und erläutert sie in einer unterhaltsamen und geistreichen Verbindung von Tiefe und Anwendbarkeit.

Autor

Ulrich Hoffmann studierte Philosophie und ist zertifizierter Coach sowie Meditations- und Yogalehrer. Er ist Deutschlands erster klimaneutraler Autor (ClimatePartner, TeamClimate). Der mehrfache Bestsellerautor ist verheiratet und hat drei Kinder. Mehr zum Autor unter www.ulrichhoffmann.de

Außerdem von Ulrich Hoffmann im Programm

Pause

Außer Kontrolle

auch als E-Book erhältlich

Ulrich Hoffmann

50 philosophische Erkenntnisse, die das Leben leichter machen

GOLDMANN

FSC www.fsc.org MIX Papier | Fördert gute Waldnutzung FSC® C014496

Penguin Random House Verlagsgruppe FSC® N001967

4. Auflage
Originalausgabe Mai 2024

Dieses Buch wurde vermittelt durch die
Montasser Medienagentur, München.
Redaktion: Eckard Schuster
Umschlag: Uno Werbeagentur, München
Satz: Buch-Werkstatt GmbH, Bad Aibling
Druck und Bindung: GGP Media GmbH, Pößneck
Printed in Germany
CH · IH
ISBN 978-3-442-18004-2

www.goldmann-verlag.de

INHALT

VORWORT

Philosophie gilt als einer der nutzlosesten Studiengänge überhaupt. Sie kennen sicher ein paar Betriebswirtschaftler*innen, sicher auch Lehrer*innen, Ingenieur*innen. Und bei vielen anderen Fächern weiß man zumindest, was die Leute machen: Politolog*innen, Verwaltungsfachleute, Chemiker*innen, Städteplaner*innen, Ärzt*innen, Jurist*innen.

Aber Philosoph*innen?

Ich habe das immer anders empfunden. Nachzudenken über die ganz grundlegenden Dinge, sich auf die Suche zu begeben nach »der Wahrheit« (was immer das sein mag) – das fand ich nicht nur spannend, sondern auch nützlich. Philosophen denken oft sozusagen auf Vorrat. Sie beschäftigen sich mit Fragen, die immer wieder virulent werden. Im Gegensatz zu den meisten anderen Berufen tun sie das aber nicht nur im Alarmfall, sondern ständig. Daher stehen wir Philosophen quasi Gewehr bei Fuß, egal was jetzt wieder los ist.

Brauchen große, kapitalistisch agierende Unternehmen das im Arbeitsalltag? Nur selten. Das stimmt.

Und brauchen Regierungen es im Arbeitsalltag? Eigentlich schon, aber durch inhaltliche Kompetenz werden Überlegungen und Verhandlungen nur noch schwieriger.

Wer also braucht Philosoph*innen und Philosophie?

Ich bin überzeugt: Wir alle, jeden Tag!

Philosophie hilft, in der Welt besser navigieren zu können. Sie ist ein Kompass für mehr Eigenverantwortung und Autonomie.

Philosophen sind weder Werbetexter noch Coaches. Sie formulieren daher oft nicht schmissig, sondern eher sperrig. In diesem Buch stelle ich Ihnen eine rein subjektive Auswahl von philosophischen Erkenntnissen vor, die mir als lebenspraktisch hilfreich erscheinen. Es handelt sich um Aussagen klassischer Denker*innen ebenso wie um aktuelle, gegenwartsrelevante Statements von zeitgenössischen Philosoph*innen. Nach einer kurzen fachlichen Einordnung finden Sie in diesem Buch vor allem konkrete Beispiele und Anwendungsmöglichkeiten. Die Betrachtungen können dabei helfen, die Welt und unsere Erfahrungen in ihr besser zu verstehen. Erkenntnisse wie die hier versammelten ermöglichen es uns, tiefer über unsere Werte, Ziele und Beziehungen nachzudenken und bewusst zu wählen, wie wir handeln und entscheiden. Sie helfen, uns von Ängsten und Zweifeln zu befreien, und leisten einen Beitrag dazu, uns selbst und andere besser zu verstehen. So können wir uns leichter und bewusster auf die Welt um uns herum einlassen und uns in Beziehungen zu anderen Menschen einbinden.

Ich hoffe, *50 philosophische Erkenntnisse, die das Leben leichter machen* ist für Sie unterhaltsam, anregend und nützlich.

Viel Vergnügen!

Ulrich Hoffmann

1.
»Der Zweck des Lebens ist, glücklich zu sein.«
(EPIKUR)

Seit einigen Jahren suchen alle nach »Sinn«, oder, auf Englisch, noch schicker: »Purpose«. *Purpose* ist eher eine »Aufgabe« als ein »Sinn«, aber die Wahrheit liegt wahrscheinlich irgendwo dazwischen.

Aber muss das Leben einen »Sinn« haben? Warum suchen wir danach?

Die These vieler Philosophen: In der Hoffnung auf Glück!

Der griechische Philosoph Epikur (341–270 v. Chr.) hielt Glück ebenso für den Lebenszweck wie der Franzose Voltaire (1694–1778), dem das Zitat ebenfalls gern in den Mund gelegt wird.

Überliefert von Diogenes Laertius (3. Jh. v. Chr.) ist ein Brief Epikurs, in dem es heißt: »Darum nennen wir auch die Lust Anfang und Ende des seligen Lebens. Wenn wir also sagen, dass die Lust das Lebensziel sei, so meinen wir nicht die Lüste der Wüstlinge und das bloße Genießen, wie einige aus Unkenntnis und weil sie mit uns nicht übereinstimmen oder weil sie uns missverstehen, meinen, sondern wir verstehen darunter, weder Schmerz im Körper noch Beunruhigung in der Seele zu empfinden.«

Und was wäre das, wenn nicht: Glück? Mal ganz abgesehen von der auffälligen Nähe zur WHO-Definition von Gesundheit: ein Zustand des vollkommenen physischen, geistigen und sozialen Wohlbefindens. Somit kein messbares, sondern ein normatives Gut.

Laut Platon (428–348 v. Chr.) sind Menschen glücklich, wenn ihre Vernunft, ihr Wille und ihr Begehren miteinander im Einklang sind.

Aristoteles (384–322 v. Chr.) glaubte, Glück sei nur möglich als Teil einer menschlichen Gemeinschaft, und wenn wir aktiv tun, wozu wir begabt sind.

Immanuel Kant (1724–1804) sagte: »Das Glück des Menschen ist, seine Pflicht zu tun.«

Arthur Schopenhauer (1788–1860) mahnte: »Das Geheimnis des Glücks ist, die Dinge so zu nehmen, wie sie sind, und nicht so, wie man sie gerne hätte.«

In der Psychologie wird heute eher zur ruhigen, länger anhaltenden Zufriedenheit tendiert als zum aufschäumenden Glück. Klar ist dennoch: Menschen wollen lieber zufrieden sein als unzufrieden, lieber glücklich als unglücklich, lieber froh als traurig. Und das ist ja auch vernünftig.

Daraus ergibt sich allerdings nahtlos die Frage: Was ist Glück? Wann bin ich glücklich?

Als ich noch zur Schule ging, fuhren meine Eltern in den Urlaub und ließen mir Geld für Lebensmittel da. Gewitzt kaufte ich statt Salat und Vollkornbrot ausschließlich mein damaliges Lieblingseis: Zitrone. Zwei Liter Zitroneneis pro Tag deckten meinen pubertären Kalorienbedarf – und ich hatte sogar noch Geld übrig! Ich fand mich wahnsinnig clever und das Eis wahnsinnig lecker. Bis … ich es nicht mehr sehen konnte. »Zu viel des Guten ist auch zum Kotzen«, heißt es manchmal. Bei mir ging es nicht ganz so weit, aber nach einer Woche Zitroneneis reichte es mir. (Leider hatte ich noch ein paar Liter in der Tiefkühltruhe.)

Jahrelang konnte ich Zitroneneis nicht ertragen. Inzwischen geht es, aber toll finde ich es nicht. War es nun »Glück«, mich mit meinem Lieblingseis vollzustopfen? Kann Konsum überhaupt glücklich machen?

Hedonismus, die maximierte Sinneslust, klingt erst mal toll. Singen, tanzen, fressen, saufen. Allerdings unterliegt der Hedonismus einer Steigerungslogik. Was wir letzten Monat noch super fanden, reicht uns jetzt nicht mehr. Das führt auf die Dauer zum Exzess.

Also brauchen wir fürs Glück vielleicht eher ein Auf und Ab. Und vielleicht auch einfach Abwechslung.

Meiner Erfahrung nach gibt es keinen einzelnen, einzigen Faktor, der glücklich macht. Nicht einmal lieben und geliebt werden ist es. Und schon gar nicht ein tolles Auto, ein langer Urlaub, ein Besuch im Dreisternerestaurant. Alles schön, aber: der Mix macht's.

So ist es auch mit dem (Lebens-)Sinn. Es ist gut, eine Arbeit oder Aufgabe zu haben, die wir für sinnvoll halten. Alles andere führt auf die Dauer in Burn-out oder Depression. Außerdem benötigen wir ein uns angenehmes direktes Umfeld. Die unmittelbaren Kolleginnen und Kollegen, die Vorgesetzten, Familie und Freund*innen – die Menschen, mit denen wir Tag für Tag zu tun haben, haben großen Einfluss auf die Zufriedenheit.

Evolutionsbiologisch mag unser Leben nur den »Zweck« haben, die Art zu erhalten. Oder anders gesagt: Aus Sicht des Systems Erde hat ein einzelnes Leben vermutlich gar keinen Zweck.

Subjektiv möchten wir das trotzdem.

Glücklich zu sein ist nichts Schlechtes, und glücklich sein zu wollen ist kein narzisstisches Anspruchsdenken. Wir alle wollen glücklich sein.

»Ein Leben ohne Untersuchung ist nicht wert, gelebt zu werden«, befand Sokrates (469–399 v. Chr.). Oft wird der Satz so verstanden, als wären nur intellektuell reflektierte Existenzen etwas wert. Und ein Schafhirte oder Bauarbeiter, der einfach seine Arbeit tut, eben nichts.

Ich sehe das anders. Das eigene Leben zu untersuchen, muss kein abstrakter Höhenflug sein. Wir können uns beobachten und kennenlernen, um herauszufinden, was uns glücklich macht. Haben wir das herausbekommen, können wir tun, was nötig ist, um glücklich(er) zu sein. Und dann ist unser Leben es sicher wert, gelebt zu werden.

So verstanden ist der »Zweck« des Lebens nicht das, was wir tun, der »Sinn«, nach dem so viele von uns suchen. Sondern dieser Sinn, unser Tun, ist die Krücke auf dem Weg zum Glück. Den zu gehen ist unsere Aufgabe, unser »Purpose«.

WAS DIESE ERKENNTNIS IHNEN SCHENKT:

Ein Ziel. Selbstreflexion. Entschlossenheit.

2.

»Ändere dein Leben heute. Verlasse dich nicht auf die Zukunft. Handle jetzt, ohne zu zögern.«

(SIMONE DE BEAUVOIR)

»Morgen, morgen, nur nicht heute, sagen alle faulen Leute«, murmelte meine Mutter oft, wenn ich als Jugendlicher prokrastinierte. Und das ist nun einmal die Superpower der Adoleszenz.

Eine Redewendung, deren Stoßrichtung der Erkenntnis de Beauvoirs sehr nahe kommt. Nicht selten hörte ich auch: »Was du heute kannst besorgen, das verschiebe nicht auf morgen.«

Hat de Beauvoir also nur im Interview mit Alice Schwarzer 1984 den Volksmund in elegantere Worte überhöht?

Nein. Ihr ging es ja nicht um das fristgerechte Abarbeiten einer To-do-Liste oder die Vermeidung kritischer Blicke anderer. Sie redete der Selbstwirksamkeit das Wort: »Verlasse dich nicht auf die Zukunft« ist die Aufforderung, das Schicksal selbst in die Hand zu nehmen. »Ändere dein Leben heute« beinhaltet die Grundannahme, dass niemand von uns perfekt ist, aber wir alle mit entsprechendem Einsatz näher an unsere Ideale herankommen können. »Handle jetzt, ohne zu zögern«: Drück dich nicht, zerdenke es nicht, komm ins Tun.

Ja, »carpe diem« (lateinisch: »Nutze den Tag«) schlägt in dieselbe Kerbe, aber weit undifferenzierter.

Das Tolle an de Beauvoirs Aufforderung ist der Dreiklang aus Hoffnung, Entschlossenheit und Machbarkeit. Ihr Motto ist offensichtlich: »Besser den Spatz in der Hand als die Taube auf dem Dach.« Oder auch: »Jeder Weg beginnt mit einem ersten Schritt.«

Sie preist ein und hält für völlig normal, dass wir alle etwas ändern können sollten. Und vielleicht sogar wollen. Gesünder leben. Freundlicher sein. Umwelt schützen, Sparplan anlegen, konstruktiver streiten. Wer findet sich in der Liste nicht wieder?

In den letzten Jahrzehnten haben wir schmerzhaft gelernt: Das Narrativ vom »immer besser« war Wunschdenken. Weder »der Markt« noch »die Demokratie« haben für Frieden und Freiheit gesorgt, den Hunger in den Entwicklungsländern vertrieben oder die Klimakrise verhindert. Die Schere zwischen Arm und Reich geht immer weiter auf, und so sicher, wie lange versprochen, ist die Rente auch nicht. Verlassen wir uns also nicht allein auf die Zukunft.

Wir müssen selbst aktiv werden. Nicht immer nur reden, grübeln und klagen, sondern reinhauen. Tun, was zu tun ist. Ja, das ist anstrengend und bedeutet Umdenken, Umlernen, Verzicht, Toleranz, Weitsicht. Aber wären wir nicht gern so, wie wir sein könnten? Wären wir nicht gern schon am Ziel? Nur der Weg dahin scheint lang und mühsam.

Die französische Philosophin, Lebensgefährtin von Jean-Paul Sartre, gibt uns einen Schubs. Leg los. Du kannst das, du schaffst das.

»Man wird nicht als Frau geboren, man wird es«, schreibt de Beauvoir zu Beginn des zweiten Buches ihrer Abhandlung über *Das andere Geschlecht*. Sie fasste unser (soziales) Geschlecht als eine Konstruktion auf, geboren aus Interaktion. Frausein wird Frauen einerseits aufoktroyiert. Andererseits bedeutet das natürlich: Gestaltungsmöglichkeiten! Was nicht fix ist, kann verändert werden.

Das »Ändere dein Leben«-Zitat wendet einen ähnlichen Gedanken auf ein weiteres Feld an: Was nicht fix ist, lässt sich ändern. Damit zu warten wäre doch schade.

Mir gibt diese Überlegung Schwung, wenn ich zu träge (ja, meine Mutter hatte nicht unrecht) oder unmotiviert zum Handeln bin. Ich tue was auch immer dann nicht anderen zuliebe, sondern aus gutem Grund. Ich kann dem entgegenstreben, der ich sein könnte, und je eher ich damit anfange, desto leichter gelingt das und desto schneller nähere ich mich dem Ziel.

WAS DIESE ERKENNTNIS IHNEN SCHENKT:

Motivation. Energie. Entschlossenheit. Optimismus.

3.

»Die Welt des Glücklichen ist eine andere als die des Unglücklichen.«

(LUDWIG WITTGENSTEIN)

Ein Bekannter von mir war längere Zeit arbeitslos. Schuld daran hatten die anderen: die Wirtschaftslage, die Personaler, seine Frau. Alle konnten was dafür, nur er nicht.

Nun war es gar nicht so, dass er selbst in irgendeiner Weise »schuld« an seiner Situation gewesen wäre. Es lief halt erst gut, dann nicht so gut, mittlerweile läuft es wieder gut.

Die Phase, in der es nicht so gut lief, hat er allerdings selbst noch verschlimmert mit einer negativen Sichtweise.

Nun machen es sich Philosophen ja immer gern leicht, indem sie auf Probleme hinweisen, ohne Lösungsvorschläge zu machen. Der österreichische Philosoph Ludwig Wittgenstein hat sich allerdings im Leben fast nie irgendetwas leicht gemacht. Insofern darf man seiner Erkenntnis vielleicht eher einen sehnsüchtigen als einen abschätzigen Tonfall unterstellen.

Für mich liegt der wichtigste Punkt seiner Aussage im berühmten *Tractatus logico-philosophicus* nicht so sehr in der Beobachtung: Glücklichsein ist besser als Unglücklichsein. Sondern dass der Unterschied so groß ist – eine ganze Welt!

Ich lese diese Aussage in doppelter Hinsicht. Einerseits als Metapher: Wer glücklich ist, lebt zwar nicht wirklich auf einer anderen Erde als unglückliche Menschen, aber es fühlt sich so an. Heißt: Es lohnt sich zu versuchen, glücklich(er) zu werden, denn die Vorteile sind gewaltig. Und tatsächlich haben wir auf unser Glück ja sehr wohl Einfluss, wir können wichtige Wünsche zu realisieren versuchen, wir können uns freuen über das, was wir haben, wir können die Ansprüche senken.

Andererseits lässt sich Wittgenstein hier auch wörtlich verstehen. Wenn die Welt das ist, was wir als Welt wahrnehmen, dann unterscheidet sich die von einem Unglücklichen wahrgenommene Welt maßgeblich und deutlich von der eines Glücklichen. Es sind dann wirklich ganz andere Welten!

Das hilft mir an vielen verschiedenen Stellen. Erstens ist auch diese Annahme eine Motivation, das eigene Glück zu befördern. Zweitens relativiert die Vorstellung meinen Frust über die Welt, wenn gerade alles schiefgeht. Weil ich weiß: Es kommen auch wieder Tage, an denen ich die Welt anders sehe. Drittens macht diese Sichtweise mich toleranter anderen gegenüber, die gerade unglücklich sind.

Der Bekannte beispielsweise beschrieb in seinen andauernden Beschwerden nicht die Welt, die ich sah. Aber möglicherweise die, die er sah. Welch Unsinn wäre es da, ihm erklären zu wollen, dass das alles so nicht sei. Die wirtschaftliche Lage, die Frau, die Personalabteilung ... niemand hatte etwas gegen ihn. So sah es jedenfalls für mich aus. Ich war ja auch glücklich. Für ihn aber erschien es so, und vielleicht habe ich uns beiden einen Gefallen getan, indem ich diese Beschreibung nicht zurückwies, sondern sie als eine subjektive Beschreibung eher des Eindrucks von der Welt ansah. Was hätte er davon gehabt, wenn ich gesagt hätte: Stimmt doch gar nicht! Damit will ich keine Multiversen aufmachen, in denen alles jederzeit irgendwie oder auch ganz anders sein kann. Das ist der Stoff, aus dem Spider-Man-Filme sind, das reicht. Wir befinden uns sicher in derselben Welt. Und doch kann diese ganz unterschiedliche Farben und Tonlagen annehmen, und sie alle sind, wenn nicht wahr, dann doch für den Moment wahr. Vor allem sind sie relevant als Narrativ: So sieht meine Welt gerade aus.

Wittgenstein war gewiss kein Vertreter eines gnadenlosen Positivismus. Auch er konnte nicht einfach sein Leben auf »glücklich« schalten. Die Erkenntnis, dass es einen gravierenden Unterschied darstellt, an welchem Ende des Kontinuums wir uns befinden, gewinnt sogar eher an Relevanz, weil es nicht ganz einfach ist, sich selbst gezielt zu positionieren.

Er war jedoch ein Freund klarer Aussagen: »Was sich überhaupt sagen lässt, lässt sich klar sagen«, schrieb Wittgenstein, »und wovon man nicht reden kann, darüber muss man schweigen.« Und: »Die Grenzen meiner Sprache sind die Grenzen meiner Welt.« Anders gesagt: Was ich nicht in Worte fassen kann, kann ich auch nicht denken und also weder reflektieren noch bewusst wahrnehmen.

Wir alle müssen mit dem arbeiten, was wir haben, und dort beginnen, wo wir gerade stehen. Für manche Menschen ist es mehr Arbeit als für andere, die Nadel in Richtung »Glück« zu bewegen, und sie schwingt schneller wieder zurück. Ihnen macht Wittgenstein deutlich, dass diese Anstrengung nicht umsonst ist. Und diejenigen, denen es leichtfällt, können sich vielleicht einfach über ihr Glück freuen, statt auf das Unglück anderer verständnislos herabzusehen.

WAS DIESE ERKENNTNIS IHNEN SCHENKT:
Motivation. Mitgefühl. Selbstmitgefühl.

4.

»Die Herausforderung im Leben besteht nicht so sehr darin, das Spiel möglichst zu gewinnen. Die Herausforderung besteht darin herauszukriegen, welches Spiel wir spielen.«

(KWAME ANTHONY APPIAH)

Schon die Frauenbewegung, spätestens aber die Umweltschutz- und die Anti-Rassismus-Bemühungen der letzten Jahre haben gezeigt: In vielen Industrieländern läuft etwas grundlegend schief. Die meisten von uns können sich bestimmt darauf einigen, dass Frauen gleichberechtigt sein, dass die Menschenrechte für alle gelten, dass wir die Klimakatastrophe abwenden sollten. Warum gelingt das nicht?

Eine mögliche These: Weil viele derjenigen, die in den Industriestaaten die Regeln vorgeben oder vorleben, von Unterdrückung und der Nutzung fossiler Brennstoffe profitieren. Mit anderen Worten: Es ist einfach unbequem, das zu tun, was wir tun müssten, wenn wir es ernst meinen.

Aus einer anderen Perspektive betrachtet könnte man

auch sagen, dass die kapitalistische Gewinnorientierung und Steigerungslogik mittlerweile auch in Bereichen angewandt wird, wo sie nicht hingehört und für die sie auch gar nicht geeignet ist (zum Beispiel in Schulen, im Haushalt, in Krankenhäusern, bei Renten, beim Umweltschutz).

In den Achtziger- und Neunzigerjahren setzte sich die neoliberale Annahme durch, eigentlich alles ließe sich durch einen markttechnischen Interessenausgleich optimieren. Motto: Wenn alle für sich selbst sorgen, ist für alle gesorgt. Und tatsächlich waren damals beispielsweise Krankenhäuser oder auch der Telekommunikationssektor ausgesprochen uneffektiv organisiert. Es gab also wirklich sinnvolle Sparpotenziale. Und auch eine Freundschaft oder Beziehung muss sich letztlich daran messen lassen, ob sie mir auf irgendeine Weise guttut. Sonst würde man sie heute als »toxisch« bezeichnen und sie beenden.

Allerdings kann durchaus der Eindruck aufkommen, dass wir ein ganz klein wenig über das Ziel hinausgeschossen sind.

Oder vielleicht auch ziemlich weit.

Die Erkenntnis des britisch-amerikanischen Philosophen Kwame Anthony Appiah in seinem Buch *Experiments in Ethics* aus dem Jahr 2008 macht darauf aufmerksam, dass dieses Streben nach Exzellenz, nach einem Spitzenplatz, uns vielleicht davon ablenkt, was wirklich wichtig ist im Leben.

Es könnte sein, dass wir ein »Spiel« spielen – oder man könnte auch sagen: an einem Rennen teilnehmen –, das wir gar nicht selbst freiwillig gewählt haben.

Die neueste Generation auf dem Arbeitsmarkt, klagen die Unternehmen, stelle allerhand unerhörte Forderungen: anständige Bezahlung, Anerkennung, weniger Arbeitsstunden, neue Erfolgsmetriken, mehr Lob, Vereinbarkeit von Familie beziehungsweise Privatleben und Beruf. Kann es sein, dass sie uns schon vorleben, was Appiah meint? Werden wir wirklich am Ende zufrieden sein, wenn wir einen dicken Firmenwagen haben und das passende Gehalt, aber dafür auch wahnsinnig viel arbeiten müssen?

Es gibt zahlreiche Vorschläge, wie eine andere Gesellschaft aussehen könnte. Solidarischer, lokaler, unabhängiger vom Willen der Aktionäre. Wir können uns für diese Welt auf die unterschiedlichste Weise engagieren, und dies bereits in vielen kleinen Entscheidungen. Vor allem aber haben wir immer, überall und jederzeit die Möglichkeit zu sagen: Ich will gar nicht euer Spiel spielen, sondern meins!

Marx bezeichnete Religion als Opium des Volkes, Adorno und Horkheimer klagten, dass die Kulturindustrie die Menschen davon ablenke, eine bessere Welt zu fordern. Heute übernehmen soziale Medien und Gehaltserhöhungen diese Aufgabe. Es gibt immer Menschen, die vom Status quo profitieren. Wir müssen nicht darauf warten, das zu tun, was wir eigentlich gern täten. Wir können sofort damit anfangen.

Appiah wurde bekannt durch die These, dass die Universalität des Kosmopolitismus Vorrang habe vor der Differenz der Kulturen. Anders gesagt: Was uns verbindet, ist wichtiger als das, was uns trennt. Ich vermute, vielen von uns geht es wie den Menschen, die die Krankenschwester Bronnie Ware für ihr Buch über *5 Dinge, die Sterbende am meisten bereuen* befragte. Ihr Ergebnis:

- »Ich wünschte, ich hätte den Mut gehabt, mein eigenes Leben zu leben.«
- »Ich wünschte, ich hätte nicht so viel gearbeitet.«
- »Ich wünschte, ich hätte den Mut gehabt, meine Gefühle auszudrücken.«
- »Ich wünschte mir, ich hätte den Kontakt zu meinen Freunden aufrechterhalten.«
- »Ich wünschte, ich hätte mir erlaubt, glücklicher zu sein.«

Ist wenigstens irgendeines dieser Ziele in einem der »Spiele« enthalten, die Sie spielen?

WAS DIESE ERKENNTNIS IHNEN SCHENKT:
Freiheit. Empörung. Fokus.

5.
»Freiheit ist die Einsicht in die Notwendigkeit.«
(FRIEDRICH ENGELS)

Freiheit ist einer dieser Begriffe, an denen sich die Philosophen in ihren Betrachtungen ebenso abarbeiten wie wir im Alltag. Wenn ich zum Beispiel notwendigerweise essen und dafür irgendwoher Geld nehmen muss, dann muss ich deshalb arbeiten. Wenn ich einsehe, dass das so ist – ist das dann wirklich Freiheit?

Wenn ich einen Text zusage, der aber nicht gelingen will, weshalb ich mich quäle und nicht hinschmeiße, sondern mich durchbeiße – ist das Freiheit?

Wäre es nicht viel freiheitlicher, einfach aufzuhören und blauzumachen?

Und wie viele Eltern bleiben zusammen »wegen der Kinder« oder wegen der Hausfinanzierung. Ist die Anerkennung dieser gefühlten »Notwendigkeit« wirklich Freiheit?

Vielleicht erst mal ein Wort zur Herkunft des Zitats. Friedrich Engels, ein Freund von Karl Marx, schrieb es in *Herrn Eugen Dührings Umwälzung der Wissenschaft* (oft kurz »Anti-Dühring« genannt) dem Philosophen Georg Wilhelm Friedrich Hegel zu. Doch der hat das gar nicht gesagt. Hegel unterschied zwischen einer »äußeren Notwendigkeit« und einer »inneren Notwendigkeit«, kam dann zu einer »absoluten Notwendigkeit«, die »schlechthin für sich« sei und »nicht von anderem« abhänge. Und weil diese absolute Notwendigkeit einfach so da ist, stelle sie einen Prozess des »Sichselbstfindens« dar, und der wiederum »die Freiheit«.

Aha, hm, hm, so so. Hegel, sagt man nicht zu Unrecht, sei nicht ganz einfach zu lesen.

Mag sein, dass wir eine »absolute Notwendigkeit« in uns tragen, der zu folgen dann irgendwie gleichermaßen zwingend und frei – vielleicht auch im Sinne einer Befreiung – ist. Okay.

Von Einsicht kein Wort, aber die kann man bei philosophischen Texten ja durchaus implizieren.

Engels nun schreibt, Hegel sei der Erste gewesen, der das Verhältnis zwischen Freiheit und Notwendigkeit »richtig darstellte«: nämlich dass Freiheit die Einsicht in die Notwendigkeit sei.

Das hat Hegel aber, siehe oben, nicht gesagt.

Trotzdem macht Engels sich den Inhalt ja erkennbar zu eigen. Da Hegel also zu dieser Angelegenheit schweigt, kann die Erkenntnis Engels zugewiesen werden. Er fährt fort damit, dass Freiheit nicht in einer geträumten Unabhängigkeit von Naturgesetzen bestehe, sondern in ihrer Anerkennung. Daraus ergebe sich dann die Möglichkeit, sie gezielt zu den eigenen Zwecken einzusetzen.

Auch Engels hat hier also keinen alles und nichts sagenden Instagram-Kachel-Spruch rausgehauen. Sondern wir sind schlicht gezwungen, die Naturgesetze zu achten. Sich zu wünschen, dass sie anders wären, ist unsinnig, weil unergiebig. (Handlungs-)Freiheit entsteht erst, wenn ich anerkenne, in welcher Welt ich lebe und was hier möglich ist. Dann kann ich gezielt darauf hinarbeiten.

Das ist fast schon das Gegenteil des Totschlagarguments, als das der Spruch manchmal genutzt wird. Karl Lauterbach warb für eine Corona-Impfpflicht als Notwendigkeit, die deswegen auch freiwillig eingesehen werden müsse.

Gern wird der Spruch bemüht, um politisch zu rechtfertigen, was Angela Merkel als »alternativlos« bezeichnet hätte. Ähnlich übrigens sah wohl der Pflichtethiker Immanuel Kant die Dinge: »Ich kann, weil ich will, was ich muss«, soll er gesagt haben. (Auch das wohl eher ein geklittertes oder zumindest stark verkürztes Zitat. Inhaltlich aber passt es zu Kants Weltanschauung.)

»Können« kann hier natürlich kein technisches Können meinen. Ich »kann« nicht auf einmal operieren oder als Chemikerin tätig sein, nur weil die Fähigkeit benötigt wird. Er meinte: Ich schaffe, was ich muss, weil ich (freiwillig) tun will, was ich ohnehin tun muss.

Mir persönlich ist das zu gehorsam. Vor allem in einer Zeit, in der oft von anderen vorgegeben wird, was wir alles »müssen« sollen.

Meiner Ansicht nach kann auch im klugen Ablehnen oder Aufgeben große Stärke, Vernunft und Freiheit liegen.

Umgekehrt gibt es aber auch eine Menge Dinge, die wir sehr wohl wollen (mehr Geld, eine Beziehung, Gesundheit), für die wir aber nichts oder nur wenig tun. Aus den unterschiedlichsten Gründen.

Natürlich kann man dann auch einfach 180 Grad um die Erkenntnis herumlaufen und behaupten: »Naja, du konntest halt aufhören, weil du aufhören musstest und es deshalb auch wolltest«, oder: »Du wolltest es halt nicht intensiv genug, und von ›müssen‹ konnte auch keine Rede sein, also hast du es auch nicht getan.« Schon ist die Verwirrung komplett. Dabei haben wohl weder Kant noch Hegel oder Engels ihre Aussagen als One-size-fits-all-, »Nun mach schon«-Aufforderung gemeint.

Und so lese ich insbesondere Engels' Erkenntnis von der Freiheit als Einsicht in die Notwendigkeit mittlerweile nicht mehr als Möchtegern-Trost nach dem Motto: Finde dich halt ab mit einer ungeliebten Situation. Sondern ich sehe darin die Handlungsaufforderung: Leben ist, was du draus machst! Ja, es gibt unveränderliche Leitplanken. Aber innerhalb der vorgegebenen Grenzen geht jede Menge. Nutze deine Chance, statt dich abzulenken mit vergeblichen Klagen.

WAS DIESE ERKENNTNIS IHNEN SCHENKT:

Eine Startposition (los geht's, wo du gerade bist). Motivation (du kannst alles ändern, was sich ändern lässt). Energie sparen (nicht an Fantasien hängen, die unerfüllbar sind).

6.

»Habe keine Angst vor dem Leben. Glaube daran, dass das Leben lebenswert ist, und dein Glaube wird helfen, Tatsachen zu schaffen.«

(WILLIAM JAMES)

Eine Kollegin von mir hat ihren Redakteursvertrag gekündigt und sich selbstständig gemacht mit einem kleinen Imbiss. Hätte schiefgehen können. Ging aber gut.

Ich stand da mit offenem Mund und war ein bisschen neidisch. Nicht auf den Imbiss, aber auf den Mut und den Optimismus.

Welche Entscheidung ist die richtige? Wie können wir Risiken gegen Chancen abwägen? Dafür gibt es natürlich kein Rezept. Jede*r ist anders, und jede Situation auch. Trotzdem habe auch ich die Erfahrung gemacht, dass viel mehr Dinge gut gehen, als wir uns vorher vorstellen können.

Das Zitat wird irrtümlich oft dem Schriftsteller Henry James zugeschrieben, dem jüngeren Bruder des Philosophen William James. William war einer der Begründer der wissenschaftlichen Psychologie in den USA und einer der wichtigsten Vertreter des philosophischen »Pragmatismus«.

Umgangssprachlich meint »pragmatisch«, dass man einigermaßen vernünftig und naheliegend handelt. Also nicht zu lange die Optionen durchdenkt, sondern tut, was sinnvoll scheint.

Die philosophische Theorie des Pragmatismus ist damit verschwistert: Sie geht davon aus, dass der Gehalt einer Überlegung von seinem praktischen Nutzen bestimmt wird, den Konsequenzen. Daher lehnen Pragmatisten (nicht etwa: Pragmatiker) unveränderliche Prinzipien ab. Damit ist der Pragmatismus eng verschwistert mit dem Utilitarismus. Letztlich geht es darum, was hinten dabei rauskommt.

1895 nun hielt William James zwei Reden vor Abschlussklassen in Plymouth. So wie Steve Jobs Uniabsolventen 2005 mit auf den Weg gab: »Stay hungry. Stay foolish« (etwa: »Bleibt neugierig, bleibt tollkühn«) oder Talkshow-Megastar Oprah Winfrey 2013 sagte: »Scheitern heißt nur, dass das Leben uns in eine andere Richtung schicken möchte.«

So sagte James den jungen Leuten: »Habe keine Angst vor dem Leben. Glaube daran, dass das Leben lebenswert ist, und dein Glaube wird helfen, Tatsachen zu schaffen.« Er verschriftlichte die Erkenntnis zudem im Essay *Is Life Worth Living?*

Die Haltung erinnert ein wenig an Blaise Pascals Wette darauf, dass es Gott gibt. Doch während bei Pascal Eigennutz im Mittelpunkt der Argumentation steht, hält James es für besser, aus innerem Bedürfnis heraus zu glauben. An Gott, aber eben auch daran, dass das Leben lebenswert ist.

Er postuliert damit so etwas wie eine sich selbst erfüllende Prophezeiung. Wer anderen Menschen freundlich begegnet, zu dem werden die meisten auch freundlich sein. Erzählt man Lehrern, ihre neue Klasse wäre voll besonders begabter Kinder, dann zählt die Klasse nach Kurzem wirklich zu den leistungsstärksten (der sogenannte »Pygmalion-Effekt«). In der Medizin ist bekannt, dass Placebos (Arzneimittel ohne Wirkstoff) bei der Heilung helfen können, wenn die Kranken glauben, echte Medizin zu bekommen: Die Selbstheilungskräfte des Körpers werden auf diese Weise stimuliert.

Natürlich gibt es auch Negativbeispiele. Wenn Menschen glauben, bald würden Klopapier und Mehl knapp, hamstern sie und lösen damit die befürchtete Knappheit aus. Und wer glaubt, durch eine Prüfung zu fallen, ist nervös und scheitert leichter.

Man kann James' Haltung als Gottvertrauen betrachten, als Urvertrauen in die Welt, aber auch als pragmatische, nutzenorientierte Grundsatzentscheidung. Wer befürchtet, die Welt meine es schlecht mit ihr oder ihm, lebt ganz einfach unzufriedener als diejenigen, die mit mehr Optimismus an die Sache herangehen. Bei allen geht mal etwas schief, dagegen kann weder die Weltsicht noch William James etwas tun. Aber warum sich lange damit aufhalten? Hilfreicher scheint es doch, möglichst wenig Angst vor dem Leben zu haben, dann gelingt es sehr wahrscheinlich besser.

Zwei Einwände möchte ich an dieser Stelle anbringen:

Erstens meinte James sicher nicht die sogenannte »toxische Positivität«, wie wir sie heute zum Beispiel aus sozialen Medien kennen. Wenn immer alles top und perfekt sein muss und wir jedes Scheitern und jedes Holpern weglächeln müssen, führt das nicht zum Glück, sondern in die Depression.

Zweitens verfügt jede*r von uns zu verschiedenen Zeiten über unterschiedlich viel Vertrauen und Optimismus. Es scheint mir angemessen, sich darauf zu besinnen, dass Angst selten vor dem Eintreten der befürchteten Ereignisse schützt. Und dass wir lernen und uns bemühen können, mit möglichst wenig Angst und möglichst viel Vertrauen zu leben. Aber eine gefühlte Angst einfach zu ignorieren oder vom Tisch zu wischen, weil ein Philosoph das sagt – das funktioniert (leider) nicht.

Intuitiv neige jedenfalls ich schnell dazu, James' Rat anderen, gern auch ungefragt, mit auf den Weg zu geben. Das ist übergriffig und selten nützlich.

Hilfreicher, aber eben auch anstrengender und deshalb nicht ganz so verlockend, ist es, den Satz auf das eigene Verhalten anzuwenden. Wie besorgt oder zweifelnd bin ich gerade? Wie gut sind meine Gründe dafür? Kann ich vielleicht etwas mehr Hoffnung aufbringen, ohne mir komplett in die Tasche lügen zu müssen? Dann versuche ich das.

WAS DIESE ERKENNTNIS IHNEN SCHENKT:

Hoffnung. Optimismus. Mut.

7.

»Nur als soziales Wesen kann ich beginnen, mich selbst zu verstehen.«

(GEORG WILHELM FRIEDRICH HEGEL)

Manchmal habe ich alle anderen so satt. Alles Stümper, auf niemand ist Verlass, alles muss man selbst machen. Nase voll, ich geh nach Hause und komm nicht wieder.

Eigentlich geht es allen, die ich kenne, manchmal so. Mehr oder weniger häufig. Und einigen sogar immer. Der Homeoffice-Boom nach Corona macht es ihnen leicht, jeder persönlichen Interaktion auszuweichen. Dennoch sind sie virtuell mit den Arbeitskolleg*innen verbunden.

Außerdem haben wir Familien: Eltern, Onkel und Tanten, Geschwister, Kinder. Dazu kommen die Freunde. Ja, auch die habe ich alle manchmal satt. Aber sie sind auch wichtig.

Und Hegel erklärt, warum das so ist.

Berühmt ist seine nur zehnseitige Dialektik über das Verhältnis von Herr und Knecht in der *Phänomenologie des Geistes*. Seine Erkenntnis: Solange das Verhältnis zwischen zwei Personen ungleich bleibt, können wir in der Begegnung keine Selbstgewissheit entwickeln. Aber warum nicht – und was soll das überhaupt heißen?

Der Herr, sagt Hegel, sei abhängig vom Knecht und dessen Arbeit. Ohne Knecht kein Herr, das ist klar. Der Knecht hingegen ist zwar unfrei, kann sich aber zumindest in seiner Arbeit selbst erfahren. (Wogegen die »Arbeit« des Herrn, auf die sich Ranghöhere ja gern zurückziehen, eben nur im Chef-Sein besteht, was Hegel nicht sonderlich beeindruckt.)

Der Knecht wiederum braucht trotz allem einen Herrn. Denn wo sollte er sonst seine Arbeit verrichten, wenn nicht auf dem Hof eines anderen? (Darauf könnte man jede Menge anderer Antworten geben, aber sei's drum. Hegel will auf etwas hinaus, also machen wir mal gutwillig mit.)

Erst wenn der Herr akzeptiert, dass er den Knecht braucht, und der Knecht umgekehrt seinen Frieden mit dem Herrn schließt, können sich beide in wechselseitiger Anerkennung ihrer selbst vergewissern. Mit anderen Worten: Allein im luftleeren Raum gibt es kein »Selbst«, weil es keine »Anderen« gibt. Ich kann mich nur im Verhältnis und daher auch im Vergleich zu anderen als mich selbst erkennen und definieren. Wäre ich ganz allein auf der Welt, dann wäre ich einfach. Ich wäre aber kein Selbst, weil es keine anderen gibt, die wiederum für sich ihr Selbst wären, während ich für sie ein Anderer bin.

Soziologen würden sagen: Menschen sind soziale Wesen. Rudeltiere, sozusagen. Wir brauchen Nähe und Verbindung. Auch wenn sie uns manchmal nerven oder schwerfallen.

Wer sich komplett zurückzieht, wird wunderlich. Das

soll ja auch die Geschichte vom Kaspar Hauser zeigen, der ohne jeden menschlichen Kontakt aufwuchs – und praktisch lebensunfähig war.

Das heißt natürlich nicht, dass es nicht verdammt guttun kann, mal ganz in Ruhe nur für sich zu sein. Eine Lösung für die Ewigkeit ist das aber nicht.

Hegel weist noch auf einen weiteren Aspekt hin: Erst im Miteinander und Gegeneinander kann ich mich selbst reflektieren und erkennen. Nur in Bezug auf andere werde ich für mich selbst sichtbar. Das scheint erst mal merkwürdig, warum sollte das so sein? Aber andersherum: Wer wäre ich denn ohne jeden Bezug auf andere? Wäre ich dann nett oder streng, freundlich oder barsch, gestresst oder locker? Was würden all diese Aussagen dann bedeuten? Sie wären inhaltsleer. Ja, natürlich kann ich auch mir selbst gegenüber streng oder nett, locker oder gestresst sein. Ist das die Gesamtheit meiner Persönlichkeit? Bestimmt nicht, sondern nur ein kleiner Teil. Der Rest wird erst sichtbar – auch für mich selbst – im sozialen Miteinander.

Was heißt: Es ist völlig okay, die anderen mal supernervig zu finden und mir eine Auszeit zu verordnen. Ich könnte allerdings auch mal schauen, was ich an so einer Stelle über mich selbst herausfinden kann. Bin ich vielleicht ungeduldiger, als ich dachte? Hochnäsiger? Anspruchsvoller?

Noch wichtiger: Das Ganze funktioniert erst auf Augenhöhe. Das gilt nicht nur für Herr und Knecht, sondern auch – nein, erst recht – für Mann und Frau, Eltern und Kinder, Freund*innen, Teamleiter*in und Team. Hegel hatte kein Problem mit Befehlsgewalt und Hierarchie. Er zeigte nur auf, dass wir einander ernst nehmen und unsere gegenseitige Notwendigkeit füreinander zulassen sollten. Erst dann können wir lernen aus den Interaktionen. Dann können wir uns selbst spüren im Kontakt zu anderen und zu unserem Tun.

WAS DIESE ERKENNTNIS IHNEN SCHENKT:
Demut. Selbst-Bewusstsein. Zuneigung.

8.
»Vertrauen ist die Bereitschaft, den Mut zu haben, das Risiko einzugehen, dem anderen eine gute Absicht zu unterstellen.«
(NIKLAS LUHMANN)

Jede gute Beziehung lebt von Vorschussvertrauen. Lange Zeit hing bei uns am Kühlschrank ein angebliches Zitat des Soziologen Niklas Luhmann. Im Internet, auf Instagram-Kacheln, ist es leicht zu finden – in Luhmanns Werk leider nicht.

Sinngemäß sagt Luhmann schon, was mich so faszinierte, aber eben nicht wortwörtlich. Allerdings schrieb er ein ganzes Buch mit dem Titel *Vertrauen: Ein Mechanismus der Reduktion sozialer Komplexität.* Und dessen Inhalt ist in dem schwungvollen Spruch sehr gut zusammengefasst: »Vertrauen ist die Bereitschaft, den Mut zu haben, das Risiko einzugehen, dem anderen eine gute Absicht zu unterstellen.«

Say what?

Also noch mal langsam und Stück für Stück, von hinten nach vorne:

Am Ende wird eine gute Absicht unterstellt, und zwar

dem Gegenüber. Das ist das wahre Geheimnis jeder gelingenden Beziehung. Eifersucht ist eine Leidenschaft, die mit Eifer sucht, was Leiden schafft, heißt es so schön. Natürlich nicht bei Luhmann. Wer misstrauisch ist und im Zweifel schlechte Absichten unterstellt – Schikane, Gemeinheit, Größenwahn –, wird mühelos fündig.

Also: Das Ziel ist, eine gute Absicht zu unterstellen.

Das ist ein Risiko. Stimmt, denn ich kann falschliegen. Die oder der andere könnte schlechte Absichten haben, die ich übersehe.

Ich benötige Mut, um dieses Risiko eingehen zu können. Diesen Mut kann ich aufbringen, wenn ich glaube, auch mit einem gegenteiligen Ausgang klarzukommen. Also: Ich bringe den Mut auf, das Risiko einzugehen, jemandem eine gute Absicht zu unterstellen – und dann liege ich falsch, sie oder er meint es nicht gut mit mir. Das ist doof, aber kein Weltuntergang.

Auf die Motivation, diesen Mut aufzubringen, zahlen vor allem zwei Faktoren ein:

1. Gehe ich davon aus, auch ein Scheitern verkraften zu können?
2. Und, noch wichtiger: Habe ich eigentlich gute Gründe für mein Misstrauen – oder nicht? Habe ich vielleicht sogar eher gute Gründe für Vertrauen? War mein Gegenüber in der Vergangenheit eher nett, zuverlässig, wohlmeinend? Hätte sie oder er etwas davon, mir zu schaden – oder würde sie oder er eher davon profitieren, mich zu unterstützen und auf meiner Seite zu stehen?

Diese beiden Faktoren lassen sich gezielt kultivieren. Wir können überlegen, was schlimmstenfalls geschehen kann, falls wir zu vertrauensselig sind. Meist ist das ohnehin unwahrscheinliche Ergebnis deutlich weniger problematisch, als wir intuitiv annehmen. Weil wir Menschen eben einfach immer die Furcht vor dem Schaden deutlicher spüren als die Vorfreude auf das Gelingen. (Durchaus sinnvoll: Zehnmal nicht von der Schlange gebissen lässt sich durch einen einzigen Schlangenbiss zunichte machen.)

Und obwohl man natürlich aus der Vergangenheit nicht auf die Zukunft schließen kann, ist es doch gut möglich zu klären, ob unsere Furcht vor einem Vertrauensbruch nicht vielleicht im Einzelfall ein ganz klein wenig überzogen ist. Würden Sie in einem nüchternen Moment einem guten Freund oder einer guten Freundin auch davon abraten, der Person zu vertrauen, um die es geht? Wenn ja, warum? Wenn nicht – dann könnten Sie das Experiment mit dem Vertrauen ja mal wagen.

Sich auf diese Überlegung einzulassen, das ist die Bereitschaft, von der Luhmann spricht.

Luhmann war einer der bedeutendsten Gesellschaftswissenschaftler der Nachkriegszeit. Er stellte zum Beispiel die Theorie auf, dass unterschiedliche Teilsysteme der Gesellschaft jeweils eigene »Codes« (quasi: Währungen) haben, die nicht miteinander verrechenbar sind. So geht es in der Politik vor allem um Macht, in der Wirtschaft um Geld, in der Forschung um Wahrheit, in Beziehungen um Liebe. Lässt sich Liebe mit Geld kaufen, lässt sich die

Wahrheit mit Macht verbieten? Jedenfalls nicht leicht, und wir empfinden es als eine Art Verrat.

Umgekehrt bedeutet das auch: Wer arm ist, darf trotzdem wählen, weil Reichtum nicht (mehr) die Voraussetzung dafür ist, wählen zu dürfen.

Und Vertrauen – deswegen hat Luhmann auch gleich ein ganzes Buch zu diesem scheinbaren Psycho- oder Lifestyle-Thema geschrieben – ist quasi der Leim, der alles zusammenhält. In dem Buch taucht die vielzitierte Erkenntnis der Überschrift so verknappt gar nicht auf. Doch die Kurzfassung passt durchaus zum Duktus Luhmanns und gibt seine Haltung korrekt wieder. Spannend ist vor allem die große Reichweite seiner Überlegungen, die sich auf mehr als nur Kleinfamilie oder Freundeskreis erstreckt. Ein Staat funktioniert nur, wenn wir die Bereitschaft aufbringen, den Mut zu haben, das Risiko einzugehen, den staatlichen Organen eine gute Absicht zu unterstellen. Nicht anders ist es im Alltag: Würde ich glauben, für mein gutes Geld faule Äpfel untergejubelt zu bekommen, wäre das Einkaufen weniger erfreulich. Und müsste ich befürchten, ohne Grund auf der Straße verhaftet zu werden, bliebe ich lieber zu Hause.

Von den ganz großen bis zu den ganz kleinen Interaktionen kann man »Vertrauen« auch als die einzige Währung betrachten, die eben doch von allen akzeptiert wird und über die Teilsysteme hinweg einsetzbar ist. Ohne das Risiko, Vertrauen aufzubringen, fühlen wir uns zwar kurzfristig sicherer, kommen aber langfristig nicht weiter. Deswegen haben auch unsere jeweiligen Gegenüber –

die Partnerin, der Hosenverkäufer – ein Interesse an Vertrauen. Nur im Vertrauen wird das zeitversetzte Geben und Nehmen des Lebens möglich.

Und Sie haben die Wahl: Möchten Sie maximal risikoarm durchs Leben gehen und so vielen Menschen wie möglich misstrauen? Quasi: Im Zweifel gegen die noch nicht Angeklagten?

Oder wie viel Risiko können Sie eingehen und aushalten, um bei anderen eine gute Absicht vorauszusetzen, die im Einzelfall erst zu einem späteren Zeitpunkt verifiziert werden kann?

Dabei ist die Bereitschaft zu vertrauen nicht eine binäre (an/aus) Angelegenheit, sondern sie wächst mit der Zeit. Vertrauen, sagt die amerikanische Soziologieprofessorin Brené Brown, lässt sich nicht »kurzschließen«. Wir können es nur über die Jahre kleinschrittig erwerben. Luhmanns Aussage soll nicht dazu inspirieren, grundlos »all in« zu gehen. Sie motiviert lediglich dazu, unser leicht aufwallendes Misstrauen zu überprüfen. Die Bereitschaft zu vertrauen können wir kognitiv und eigennützig aufbringen, wenn wir wollen.

Sie zu kultivieren und gute Beziehungen deutlich positiver zu sehen und zu bewerten hat meine Zufriedenheit erheblich erhöht. Und mein Eindruck ist: Die anderen freuen sich über meine Bereitschaft, den Mut zu haben, das Risiko einzugehen, ihnen eine gute Absicht zu unterstellen.

WAS DIESE ERKENNTNIS IHNEN SCHENKT:

Mut. Vertrauen. Leichtigkeit. Ein Kriterium.

9.
»Wir leben in der besten aller möglichen Welten.«
(GOTTFRIED WILHELM LEIBNIZ)

Nix klappt. Meine Fahrradkette ist rausgesprungen, meine Freundin hat mit mir Schluss gemacht, ich bin pleite und jeden Tag verhungern weltweit 10 000 Kinder. (Im Ernst. Ich habe die Zahl gerade nachgeschaut. Laut UNICEF sterben täglich 10 000 Kinder unter fünf Jahren aus vermeidbaren Gründen.)

Und das soll »die beste aller möglichen Welten« sein?

Der deutsche Philosoph, Mathematiker, Historiker – kurz: Universalgelehrte – Gottfried Wilhelm Leibniz (1646–1716) war dieser Meinung, wie er in der *Theodicee* festhielt. Warum? Weil Gott die Welt erschaffen hat! Und warum sollte Gott eine mittelmäßige Welt erschaffen? Mehr noch: Weil Gott perfekt ist, kann er gar nicht anders als die beste aller möglichen Welten zu erschaffen.

Schon Voltaire (1694–1778) zog diese These wenig später in seinem Roman *Candide oder: Der Optimismus* in Zweifel. Candide erlebt die Welt in all ihrem Schrecken (Katastrophen, Unglück, menschliches Leid, politische

Probleme). Seine Zweifel daran, dass alles 1a in Ordnung sei und er die Sache nur gutwillig genug angehen müsse, werden immer größer.

Heute würde man Leibniz' Haltung vielleicht sogar als »toxische Positivität« kritisieren. Der Psychologe Martin Seligman begründete Ende des letzten Jahrhunderts die sogenannte »Positive Psychologie«, die eben betont, was gut läuft. Problem daran: Wo ist die Grenze?

»Toxisch« (also: giftig) wird die erzwungene Positivität zum Beispiel dann, wenn in allem Schlechten auch etwas Gutes stecken soll. Kann sein, muss aber nicht. Oder wenn wir Menschen, die gerade tief in der Scheiße stecken, sagen: »Ich weiß, wie es dir geht. Alles wird gut!« Nervig auch: »Denk einfach an was anderes« und »Mit der richtigen Einstellung kannst du alles schaffen.« Das hat was von: Jungs ziehen Mädchen an den Haaren, um ihnen zu zeigen, dass sie sie mögen. Und: Er schlägt dich nur, weil er dich so liebt.

Sie merken es schon: Ich finde, es gibt Dinge, die sind einfach Mist. Ich habe nicht die geringste Ahnung, ob eine Welt realisierbar ist, in der sie nicht stattfinden. Bin ich Gott? Aber in der Welt, in der wir leben, kann man nicht einfach alles optimal finden.

Das war aber auch gar nicht das, was Leibniz sagte. Er sagte nur: Besser geht nicht.

Aber ist das wirklich so? Wäre eine Welt, in der ein Attentat auf Hitler erfolgreich gewesen wäre und in der es dann keinen Holocaust gegeben hätte, nicht sehr wohl vorstellbar – und besser?

Mein Problem ist: Ich glaube nicht an Gott. Ich glaube nicht, dass diese Welt von irgendwem in optimaler Weise eingerichtet wurde.

Ich bin überzeugt, die Welt ist evolutionär entstanden. Und als evolutionärer Vorteil reicht es völlig, wenn etwas besser ist als bei den anderen. Oder wenn es zu der zufällig vorhandenen Bedarfsnische passt (wie bestimmte Finkenschnäbel zu bestimmten Pflanzensamen). Wenn man sich aber Gott wegdenkt, dann gibt es auch keinen Grund mehr für die Annahme, dass dies die beste aller möglichen Welten sei.

Warum also steht dieser Satz in diesem Buch?

Weil die »Erkenntnis« von Leibniz meiner Ansicht nach zwar keine ist (weil ich sie ja für falsch halte). Weil wir aber trotzdem keine Alternative dazu haben, uns mit und in dieser Welt zu arrangieren. Es ist die beste Welt, die uns zur Verfügung steht. Und das kommt dann letztlich aufs selbe raus wie Leibniz' Erkenntnis.

Denn die Welt ist ja nicht nur deutlich fehlerhaft, sie ist auch toll. Es gibt Regenbögen und Marienkäfer, und wir dürfen hier leben. Das macht den meisten Menschen die meiste Zeit Freude. Insofern sind wir gut damit beraten, diese Welt als die beste »mögliche« zu betrachten im Sinne von: eine andere gibt's halt nicht. Wir können uns wünschen, dass irgendwas anders wäre, aber das ändert auch nichts. (Und wenn Dinge tatsächlich verbesserbar sind, hätte natürlich auch Leibniz nichts dagegen gehabt. Vielleicht hat er gedacht: Das hat Gott ja toll eingerichtet, dass wir hier aktiv werden können. Aber wieder: Kommt aufs selbe raus.)

Nicht mal die nach ihm benannten bestmöglichen Butterkekse verdanken wir dem Meister selbst. Der Hersteller Bahlsen sitzt in Hannover und benannte die Kekse 1891 nach Leibniz, der in Hannover gestorben war. Leibniz selbst hatte zu seiner Zeit dem Heer vorgeschlagen, den Soldaten Zwieback ins Marschgepäck zu tun, weil dieser nahrhaft und lange haltbar sei.

Aber seien wir doch mal ehrlich: In der besten aller möglichen Welten gäbe es gar keine Kriege, und wenn man Proviant braucht, dann doch bitte lieber Leibniz-Kekse als Zwieback.

WAS DIESE ERKENNTNIS IHNEN SCHENKT:
Realismus. Optimismus. Akzeptanz.

10.
»Ein Sandkorn ist kein Haufen.«
(EUBULIDES)

Zum Friseur oder erst in zwei Wochen? Zu dick (zu dünn), oder geht's noch? Darf's noch ein bisschen mehr sein? Ist das Hemd zu teuer oder den Preis wert?

Ständig diese Entscheidungen! Aber oft nehmen wir sie ernster, als wir sollten. Und machen es uns damit schwerer als nötig.

Das »Haufen-Paradox« wird auch »Sorites-Problem« genannt (»soros« ist das griechische Wort für Haufen). Es beschäftigt sich mit gleitenden Übergängen. Die gibt es andauernd. Erst mal der Haufen: Ein Sandkorn ist noch kein Haufen, zwei sind es auch nicht … aber wie viele sind dann ein Haufen? Und umgekehrt: Wenn ich von einem Haufen Sand ein Korn wegnehme, dann bleibt es ein Haufen … aber wenn ich noch eines und noch eines wegnehme, ist der Haufen irgendwann verschwunden.

Nach demselben Prinzip funktioniert der Übergang von dichtem Haarwuchs zur Glatze, von grün zu blau, von Hügel zu Berg, von einfach zu schwierig, von satt zu hungrig, und so weiter.

Was nützt uns das im Leben?

Im Alltag entscheiden wir oft nach dem Motto »Tertium non datur« (deutsch: »Eine dritte Option gibt es nicht«). Diesem Fehlschluss können wir sogar auf unterschiedliche Weise aufsitzen.

Einerseits, indem wir so tun, als gäbe es nur zwei Alternativen, zwischen denen wir zu entscheiden hätten. Urlaub am Meer oder in den Bergen. Currywurst oder Döner in der Mittagspause. In der Beziehung bleiben oder einsam sterben.

Meist aber gibt es Alternativen – oft in der Grauzone des Übergangs. Sie können zum Beispiel auch weder in die Berge noch ans Meer fahren. Oder eine Woche in die Berge, eine ans Meer. Oder an einen Bergsee. Sie können an der Beziehung arbeiten und versuchen, sie zu verbessern. Und wenn Sie sich trennen, können Sie auch jemand anderen kennenlernen.

Es ist also hilfreich, sich klarzumachen, dass es zwischen A (einem Sandkorn) und B (einem Haufen) jede Menge Zwischenstationen gibt.

Andererseits suchen wir auch in abstrakteren Kontexten oft nach eindeutigen Trennschwellen zwischen den Optionen A und B. Ein Beispiel: Der Mann einer Freundin von mir war schwer erkrankt. Lange hatte sie ihn zu Hause gepflegt – aber wann war nun der richtige Zeitpunkt, ihn in ein Heim zu geben? Mit dieser Frage quälte sie sich über Monate.

Eine solche Suche nach dem »richtigen Zeitpunkt« kennen wir alle. Wann bin ich satt? Wann sollte ich kündigen? Wann ist der »richtige Moment« für eine Trennung – oder für einen Heiratsantrag? Wie lange braucht das Kind den Schnuller? Woran wäre dieser »richtige Zeitpunkt« zu erkennen? Welches Kriterium unterscheidet »zu früh« von »zu spät«?

Sie ahnen es – keines. Weil die Annahme, es gäbe einen eindeutig »richtigen Zeitpunkt«, übersieht, dass der Übergang fließend ist.

Am Anfang ist der Haufen nur ein Sandkorn. Dann kommen ein paar dazu. Aber wann ist der Haufen ein Haufen? Bestenfalls lässt sich das subjektiv entscheiden: »Mir ist das jetzt Haufen genug!«

So werden wir wieder handlungsfähig. Weil wir nicht mehr auf etwas warten, das es nicht gibt. Wir können den »richtigen Moment« nicht erkennen – weil er nicht existiert.

Was es sehr wohl gibt: ein »noch nicht so weit« und ein »zu spät« oder »zu viel«. Das kennt jede*r. Ein Bier zu viel, ein Wein zu viel, ein Teller Nudelsalat zu viel. Ein Jahr Beziehungsstress zu viel. Das Auto eine Nummer zu groß, der Urlaub eine Preiskategorie zu teuer. Und andersherum gibt es natürlich auch die Leute, die bei jeder Krise sofort Schluss machen oder kündigen, die übervorsichtig sind und kein Risiko eingehen. Die nicht singen, nicht tanzen, und immer nur die preiswertesten Dosenravioli kaufen. Die denken: Da mache ich nichts falsch – aber genau das tun sie eben doch. Es gelingt ihnen nicht, ein Mittelmaß zwischen »unzureichend« und »mehr als genug« zu finden. (Das Mittelmaß gilt in der westlichen wie in der östlichen Philosophie als ideal. Das erschließt sich den meisten

Menschen intuitiv. Es ist wie im Märchen von Goldlöckchen und den Bären. Der Brei darf nicht zu heiß sein, aber auch nicht zu kalt. Ein Bett sollte nicht zu weich sein, aber auch nicht zu fest. Das Leben sollte ein wenig abenteuerlich sein, aber nicht zu sehr.)

Dabei ist nicht die mathematische Mitte gemeint. Sondern ein gefühltes »nicht zu viel und nicht zu wenig«. Vielleicht essen Sie gern würziger als die meisten anderen, aber lesen weniger. Hören leiser Musik, aber mögen es gern warm.

Das Leben wird nicht besser, wenn alle durchschnittlich agieren. Das Leben wird besser, wenn wir uns davon verabschieden, Entscheidungen objektivieren zu wollen, bei denen das nicht möglich ist. Für technische Geräte lassen sich verallgemeinerbare Kriterien aufstellen. Auf deren Grundlage können Sie Angebote und Preise vergleichen. Wenn wir hingegen frustriert im Kreis denken und uns genervt fragen: »Woran erkenne ich, ob ich X oder Y tun soll?«, dann ist dafür meist die Vagheit der Begriffe der Grund.

Der Wunsch, keinen Fehler zu machen, ist verständlich. Zumal gerade die wichtigen Themen im Leben oft diese Vagheit aufweisen: Liebe, Verantwortung, Loyalität, Pflicht, Sorgfalt, Ehrgeiz …

Das Haufen-Paradox, meist dem Griechen Eubulides (ca. 400 v. Chr.) zugeschrieben, manchmal auch seinem Zeitgenossen Zenon von Elea, ermöglicht subjektive Entscheidungen. »Mir war es halt schon zu sandig« – dann sind Sie mit Ihrem Tun im Reinen.

Meine Freundin, die zu entscheiden hatte, wie lange sie ihren Mann noch zu Hause behielt, war erleichtert. Wenn es kein klares Richtig und Falsch gibt, dann erübrigt sich das Grübeln. Und auch die Befürchtung, andere würden ihre Entscheidung missbilligen.

So konnte sie sich darauf konzentrieren, was sich für sie und ihre Familie richtig anfühlte.

Man könnte meinen, der Verlust objektivierbarer Kriterien sei verunsichernd. Wie soll man denn sonst wissen, was richtig oder was falsch ist? Wann wir zu lange erdulden – und wann nicht lange genug?

Ein Freund beklagt sich über den neuen Vorgesetzten: »Ein inkompetenter, machtgeiler Idiot!« Sollte er sofort nach neuen Jobs suchen oder abwarten, bis der nächste Vorgesetzte kommt?

Eine Freundin findet, der Schwung sei aus ihrer Beziehung raus. Gehen oder bleiben?

Ich habe einen Artikel geschrieben, aber ist er gut genug, um ihn abzugeben, oder sollte ich ihn besser noch mal überarbeiten? Und noch mal und noch mal und …

Ein Kollege sucht einen neuen Job. Nach der ersten erfolglosen Bewerbung gleich Lebenslauf und Anschreiben zu überarbeiten erscheint als etwas voreilig. Aber wann wäre es Zeit dafür? Nach 50, 100 oder 500 Bewerbungen? Oder liegt es gar nicht am Look, sondern am Alter, am Studienfach, an fehlenden Connections?

So oft im Leben fehlen uns harte Kriterien. Das kann uns wahlweise in die Resignation oder in den Wahnsinn treiben. Oder wir wursteln uns einfach so durch und tun, was uns am sinnvollsten erscheint. Ohne lange darüber zu grübeln, ob der Argumenthaufen nun groß genug ist oder nicht.

WAS DIESE ERKENNTNIS IHNEN SCHENKT:
Zeit. Energie. Entschlossenheit.

11.

»Das Glück deines Lebens hängt ab von der Beschaffenheit deiner Gedanken.«

(MARCUS AURELIUS)

Im letzten Jahr war ich länger krank. Während dieser Zeit habe ich mir wesentlich mehr Sorgen gemacht als sonst. Werde ich wieder ganz gesund? Wird meine Frau mich verlassen? Kann ich je wieder arbeiten? Muss ich bald sterben?

Die Gedanken waren objektiv ungerechtfertigt und kamen ungebeten. Ja, ich war krank, aber nicht todkrank. Die Ärzte sagten, ich würde wieder gesund werden. Mittlerweile bin ich das auch.

Während ich mich so mies fühlte, hatte ich wenig Kraft, die negativen Gedanken abzuwehren. Das ist doppelt blöd: Das Kranksein sorgte dafür, dass ich deutlich mehr negative Fantasien hatte als sonst – und mich schlechter gegen sie wehren konnte.

Auf alle Fälle hatte das Auswirkungen auf meinen Gemütszustand und meine Zufriedenheit. Wer sich viele Sorgen macht, schläft auch schlechter und kriegt irgendwann

Magenschmerzen. Psychosomatische Folgen: körperliche Probleme, die durch trübe Aussichten verursacht werden.

Heißt das, negative Gedanken sind schlecht, und wir sollten sie uns aus dem Kopf schlagen? So wie wir an Depression Erkrankten ja auch gern raten: »Denk doch mal an was Schönes, dann geht es dir sicher bald besser!«

Erstens: Nein, Sorgen oder Misstrauen können absolut gerechtfertigt sein!

Zweitens: Wir können unsere Gedanken weit weniger kontrollieren, als wir glauben.

Drittens: Zweifel und Pessimismus können sogar als positiv angesehen werden, beispielsweise unter Juristen. Je mehr Probleme die vorhersehen, desto besser können sie ihren Job machen.

Der römische Kaiser Marcus Aurelius (121–180) zählt zu den Stoikern. Die sind heute wieder groß in Mode, weil sich ihre Schriften an vielen Stellen als »Augen zu und durch« interpretieren lassen. Und oft auch: »Jeder ist seines Glückes Schmied.« In einer neoliberalen Welt kommt das gut an.

Die Stoiker waren dabei jedoch gar nicht egozentrisch drauf. Sie beschäftigten sich vor allem damit, was wir ändern können und was nicht. Und wie wir unseren Frieden schließen mit den Dingen, die nun mal so sind, wie sie sind.

Die größten Schwierigkeiten haben wir oft mit den eigenen Gedanken und den inneren Stimmen. Die sind nicht unveränderlich – aber wir können sie auch nicht leicht kontrollieren. Immerhin wissen wir, dass die Umstände und unsere Weltsicht sie beeinflussen. Läuft es gut und bin ich gesund, dann glaube ich, fast alles schaffen zu können. Fühle ich mich mies, dann treiben auch meine Gedanken eher in düstere Bereiche ab.

Was und wie wir denken, hat Auswirkungen auf unsere Zufriedenheit und damit unser Leben. Aber umgekehrt hat auch unser Leben Auswirkungen auf unsere Gedanken. Wir können uns diese bewusst machen, sie beobachten und kritisch hinterfragen. Weiß ich sicher, dass ich bald sterben werde – oder ist das nur Angst und Gejammer (wie in meinem Fall)? Davon verschwindet der Gedanke nicht, und die Angst ist in dem Moment nicht weniger real. Aber sie nimmt ab.

Wir können versuchen, Trigger negativer Gedankenspiralen zu meiden. Das kann Überlastung sein, Stress, Überforderung. Mobbing. Eine toxische »Freundschaft«. Zu viel Medienkonsum oder zur falschen Zeit. Alkohol.

Wir können erholsame Inseln für uns schaffen, die positive Gedanken erleichtern.

Neurologen können mittlerweile in Hirnscans zeigen, dass im Gehirn quasi Trampelpfade entstehen. Gedanken, die wir oft denken, fallen uns leichter. Wer sich ständig über das Bellen des Nachbarhundes ärgert, wird bei jedem lauten Geräusch erst mal an die blöde Töle denken, sogar im Urlaub. Wer große Angst um die Sicherheit der eigenen Kinder hat, fährt beim Klingeln des Telefons erschrocken zusammen.

Es gibt unterschiedliche Möglichkeiten, derartige Denkgewohnheiten zu verändern. Psychotherapie und

Meditation sind zwei bekannte Optionen, und ihr Erfolg ist wissenschaftlich gesichert.

Gedanken, die unser Glück steigern, können wir bewusst denken, kultivieren und pflegen. So schaffen wir eine Alternative zum Pessimismus.

Wohlgemerkt, das ist etwas anderes als blinde »Positive Psychologie« oder die Annahme, in jeder Krise liege auch eine Chance. Manche Dinge sind einfach Mist, das ist dann halt so.

Aurelius' Erkenntnis bestand darin, sich im Alltag nicht von Vorsicht und Argwohn runterziehen zu lassen. Das können wir Menschen gut. Evolutionsbiologisch ist es sinnvoll, dass wir Furcht und negative Gedanken ernster nehmen als Glücksgefühle. Argwohn macht wachsam! Dann werden wir nicht vom Säbelzahntiger gefressen.

Aber Argwohn ist eben auch Stress. Und in einer Welt, in der wir nicht mit 35 sowieso sterben und in der auch nur noch sehr wenige Säbelzahntiger unterwegs sind, tun wir besser daran, wenn wir uns bemühen, den Gehalt unserer Gedanken in Richtung Lebensglück zu beeinflussen.

WAS DIESE ERKENNTNIS IHNEN SCHENKT:

Freiheit zum Optimismus. Innere Distanz zu den eigenen Gedanken. Kontrolle.

12.

»Das Spiel ist Zerreißen der Präsenz.«

(JACQUES DERRIDA)

Kinder wollen spielen. Nicht nur Menschenkinder, auch Affenkinder, Löwenkinder, Welpen. Ebenso wissen wir es von manchen Vogelarten, Reptilien und sogar Fischen. Sie lernen dabei die Funktionsweise ihrer Welt kennen. Das betrifft die physikalischen wie die sozialen Gesetze.

Erwachsenen wird ebenfalls empfohlen, zu spielen. Eine scheinbar ziellose, aber unterhaltsame Beschäftigung ist die beste Möglichkeit, unsere Batterien wieder aufzuladen. Regelmäßiges Spiel hält Familien oder Freundeskreise zusammen.

In der Rush Hour des Lebens, im Alter zwischen 25 und 45, fällt es oft schwer, dafür Zeit aufzubringen. Außerdem wird meist so etwas wie eine Startenergie benötigt. Woher nehmen, wenn wir übermüdet und gestresst sind?

Eine gute Option ist ein regelmäßiger Spieltermin. Das kann ein nicht zu ehrgeizig betriebener Mannschaftssport sein. Oder auch eine Kartenspiel- oder Brettspielrunde. Auch Computer- und Konsolenspiele können die genannten Vorteile mit sich bringen.

Zu spielen ist deswegen so nützlich, weil wir zwangsläufig in das berühmte »Hier und Jetzt« geraten. Ich kann schlecht nach 60 Minuten Fußball den Rest der Partie auf übermorgen Nachmittag vertagen. Und wer bei »Mensch ärgere dich nicht« kurz vor dem Ziel steht, wird das Brett nicht über Nacht unberührt stehen lassen, um dann am nächsten Tag weiterzuspielen.

Der französische Philosoph Jacques Derrida nennt die so empfundene Zeitlosigkeit in seinem Beitrag *Die Struktur, das Zeichen und das Spiel im Diskurs der Wissenschaften vom Menschen* ein »Zerreißen der Präsenz«. Psychologen würden vielleicht von einem Flow-Erlebnis sprechen: Wir gehen ganz in unserem Tun auf und vernachlässigen die Grenzen von Zeit und Raum.

Derridas Lebensthema war die Dekonstruktion. Er bemühte sich darum, über und durch Sprache Machtverhältnisse aufzudröseln. Seine These: Wir begreifen die Welt erst im Nachhinein so, wie wir sie mit Worten beschreiben. Ändern wir unsere Sprache, dann ändert sich auch unser Verständnis der Welt.

Derartige Effekte lassen sich vielfach beobachten. Werden Wörter, die auch als Schimpfwort genutzt werden, durch andere ersetzt, dann ändert sich mit der Zeit auch unsere Wahrnehmung des damit Bezeichneten. Derridas Ziel war es, solche unausgesprochenen Voraussetzungen unseres Denkens und unserer Sprache zu explizieren.

Er wies darauf hin, dass wir zwar alle wissen, was ein »Hund« ist. Aber das Tier hat mit dem Begriff nichts zu tun. Wir hätten es auch anders nennen können, und wir könnten mit dem Wort »Hund« etwas anderes meinen.

Wichtiger noch: Nur weil wir ein Wort für etwas haben, heißt das noch lange nicht, dass dieses Ding (so) existiert. Sprache ist veränderbar und verändert sich ständig. »Geil« war früher ein biologischer Fachbegriff, dann wurde es ein cooles Jugendwort, und wer heute noch »geil« sagt, ist 50+. Auch angebliche Gegensätze wie gut/böse, schön/hässlich, Mann/Frau müssen nicht natürlicherweise so vorhanden sein, nur weil wir auf diese Art sprechen.

Dem Dekonstruktivismus wird vorgeworfen, selbstreflexiv und zirkulär zu sein, sodass keine neuen Erkenntnisse möglich seien. Ich glaube, das ist in dieser Absolutheit nicht korrekt. Trotzdem hat Dekonstruktion, bei aller Ernsthaftigkeit, auch ein spielerisches Element. Wenn Wörter nie eine eindeutige Bedeutung haben, sondern im Grunde beliebig umgedeutet werden könnten, dann heißt das: Unsere Kommunikation unterliegt Spielregeln, die wir gemeinschaftlich selbst bestimmen.

Derridas Äußerung über das Spiel ist sicher nicht die Kernthese seines Werks. Aber sie ist so wunderbar menschenfreundlich und praxisorientiert. Denn im Spiel umschiffen wir im Idealfall all die Probleme, auf die der Dekonstruktivismus aufmerksam machen möchte.

Wir sind frei, schweben wie Astronauten schwerelos und orientieren uns neu in der Welt, die uns umgibt. Im Spiel werden Regeln umgedeutet, angepasst, neu erfunden. Im Spiel ist der Bezug zur Realität eben nicht festgeschrieben, sondern … spielerisch, experimentell.

Es ist nicht überliefert, dass Derrida ein großer Spaßvogel war. Eher im Gegenteil. Er nahm seine Arbeit ausgesprochen ernst, und aktuelle Derrida-Expert*innen würden sich wohl nicht als Animateur*innen eignen. Deswegen finde ich es erst recht hilfreich, sich zu vergegenwärtigen: Wenn selbst ein solcher Denker das Spiel als eine Möglichkeit ansah, dem Vergehen der Zeit für einen Moment zu entfliehen, dann ist da was dran.

Ich habe seine Erkenntnis als Anregung genommen, (wieder) mehr zu spielen und auch manche Dinge, an die ich grundlos verbissen heranging, spielerischer anzupacken. Ein wenig Leichtigkeit und eine kleine, unterhaltsame Pause, am besten in Gemeinschaft, tun gut und verschaffen uns regelmäßig mehr Energie, als sie kosten.

WAS DIESE ERKENNTNIS IHNEN SCHENKT:

Freizeit! Die Erlaubnis zum Spiel. Pausen. Gemeinschaft. Fröhlichkeit.

13.
»Ich denke, also bin ich.«
(RENÉ DESCARTES)

»Ich denke, also bin ich« ist einer dieser Sätze, die alle kennen. Und an denen auch nicht wirklich zu rütteln ist.

Okay, da kommt vielleicht ein Hilary Putnam und fragt: »Sind wir vielleicht nur ein Gehirn in einem Tank, dem mit elektrischen Impulsen eine Realität vorgegaukelt wird?« Und dann kommt Hollywood und macht vier »Matrix«-Filme aus der Idee. Aber mal im Ernst: Spricht etwas dafür, dass es so wäre?

Und umgekehrt: Ließe sich das Gegenteil beweisen, ist Descartes' berühmter Satz aus der *Abhandlung über die Methode* also falsifizierbar? Das ist er nicht, weshalb er uns lebenspraktisch nicht weiterbringt. Dass ich nicht denke und also nicht bin, oder dass ich nur denke, dass ich denke, aber nicht bin – das kann man zwar beides nicht ausschließen, aber was dann?

Besser fahren wir doch erkennbar damit, zu denken und zu sein.

Descartes wollte philosophisch noch mal ganz neu anfangen, alle Annahmen hinter sich lassen, und kam dann dabei raus, dass man aus dem eigenen Denken doch wohl auf die eigene Existenz schließen können müsse. Viel mehr hat von seinen Folgerungen auch nicht überdauert. Er glaubte nämlich trotzdem, dass der Körper, einschließlich des Gehirns, rein mechanisch funktioniere. Bewegungen würde das Gehirn durch Gas erzeugen, die es durch die Nervenbahnen pumpt. Im Grunde wäre der Mensch dann eine Art Marionette. Problematischer noch: Wenn das Gehirn mechanisch funktioniert, wo sitzt dann die Seele, woher kommen Ideen, haben wir einen freien Willen?

Diese Diskussion wird heute übrigens auf höherem Niveau beziehungsweise mit kleineren Einheiten immer noch geführt. Viele Neurologen sind der Ansicht, sämtliche Gehirnfunktionen seien biochemische Reaktionen. Dann wären sie – wie das Rollen von Billardkugeln oder die Reaktion in einem Reagenzglas – vollkommen vorhersagbar, wenn wir nur genau genug messen könnten.

Diese Problematik wird Leib-Seele-Dualismus genannt. Natürlich habe auch ich keine endgültige Antwort darauf. Descartes' Erkenntnis habe ich in dieses Buch vor allem aus zwei Gründen aufgenommen: Erstens, weil sie sonst viele potenzielle Leser*innen beim Blick in das Inhaltsverzeichnis vermisst hätten. Und zweitens, weil sie etwas höchst Belebendes hat. Der argumentative Witz an der Sache ist ja nicht das Denken, sondern das Sein.

Descartes wollte nicht darauf hinweisen, dass alle Menschen denken. Sondern er wollte sagen: Aus der Tatsache, dass wir denken – dass wir Empfindungen wahrnehmen und reflektieren können, dass wir ein Selbst-Verständnis entwickeln –, können wir schließen, dass wir existieren.

Dieses Sein ist es doch, was uns geschenkt wurde bei der Geburt und aus dem wir im Idealfall machen können, was wir wollen.

Zu denken ist natürlich keine Vorbedingung für eine Existenz. Ein Baum denkt nicht und existiert trotzdem. Er kann das aber nicht reflektieren. Er weiß nicht, dass es ihn gibt.

Das ist das große Geschenk von Descartes' Erkenntnis: Ich bin. Genau wie ein Baum, genau wie ein Fuchs. Ich bin einfach da. Ja, schön, ich kann das auch noch wissen.

Aber vor allem darf ich sein. So wie ich bin.

Zumal ich gar nicht anders sein kann. Denn ich bin jetzt gerade ja genau so, wie ich jetzt gerade bin. Das klingt erst mal trivial, zwingt aber zu radikaler Selbstakzeptanz.

Alles, was wir tun wollen, beginnt genau da, wo wir gerade sind.

Denke ich.

WAS DIESE ERKENNTNIS IHNEN SCHENKT:

Selbstakzeptanz. Freude am Sein.

14.

»Sollen impliziert Können.«

(IMMANUEL KANT)

»Du musst dafür sorgen, dass dein Sohn sein Studium zügig zu Ende bringt«, hat neulich die Mutter eines Freundes zu ihm gesagt.

Er versuchte ihr zu erklären, dass er das a) gar nicht »muss« und b) auch nicht kann. Daraufhin stritten sie sich längere Zeit, und aktuell reden sie nicht miteinander.

Was war das Problem?

In dem Satz sind gleich zwei unhaltbare »Sollen«-Annahmen versteckt. Natürlich »muss« mein Freund – im wortwörtlichen Sinne – nicht dafür sorgen, dass sein Sohn das Studium zügig zu Ende bringt. Sondern seine Mutter möchte hier sagen: Ich fände es gut und richtig, wenn du das tätest. Du *solltest* das tun.

Und es steckt auch drin, dass der Sohn sein Studium zügig zu Ende bringen *sollte*.

Das Problem in beiden Fällen ist jedoch: »Sollen impliziert Können.« Was soll das heißen?

Wir können etwas nur tun »sollen«, wenn es *möglich* ist, das Gewünschte oder Geforderte zu tun. Ich kann zum Beispiel nicht fliegen sollen. Ich kann auch nicht lieben sollen.

Etwas zu sollen, das nicht geht, ist inhaltlich sinnlos. Klingt aber trotzdem oft sehr schmissig.

Von hinten aufgedröselt: In diesem Fall war der Sohn durch universitäre Doppelbelegungen nicht in der Lage gewesen, die notwendigen Kurse zu wählen. Das ist doof, ärgerlich, unpraktisch, schlecht geplant – stimmt. Aber es war ihm tatsächlich nicht möglich, das Studium so zügig zu Ende zu bringen, wie die Oma es richtig fand. Das wiederum konnte die sich nicht vorstellen. Weswegen aus ihrer Sicht das Geforderte möglich war (genau genommen: sie es unhinterfragt für zweifellos möglich *hielt*). In Wahrheit ging es aber nicht.

Der arme Enkel sollte also etwas tun, das er schlicht nicht tun konnte.

Doch das geforderte Sollen implizierte, dass es geht! Erst wenn man diese Begriffsverwirrung bemerkt, kann man ruhig bleiben und sagen: Ja, du denkst, das ginge, ist aber leider nicht so. Und zwar aus diesen und jenen Gründen.

Wie sehr etwas nicht geht, kann dabei durchaus graduell verschieden sein. Habe ich für eine Prüfung nicht gelernt und falle deshalb durch, ist das selbstverschuldet. Falle ich durch, weil ich eine Depression habe und deshalb nicht lernen konnte, werden die Urteile oft schon harscher. Falle ich durch, weil ich mich unsterblich verliebt habe und statt zu lernen mit meinem Schwarm nächtelang durch die Clubs gezogen bin, könnte man das romantisch und damit entschuldbar finden – oder dumm.

Das erste Sollen steckt, wie gesagt, im »Du musst dafür

sorgen«. Doch wie sollte man dafür sorgen, dass jemand anders etwas tut? Kinder (und auch Lebenspartner*innen) sind schließlich keine Marionetten, die wir nach Belieben tanzen lassen können. Das sah man früher noch deutlich anders. Aber auch damals konnten die Eltern nicht »machen«, dass die Kinder brav waren. Sie hatten nur mehr Erpressungsmöglichkeiten zur Verfügung.

Die vordere Satzhälfte ist also nur sinnvoll, wenn es möglich wäre, dafür zu sorgen, dass der Sohn etwas tut. So wie man einem Kindergartenkind notfalls gegen dessen Willen unter großem Geschrei Handschuhe anziehen kann. Die Formulierung impliziert also, dass der Vater das erwachsene Kind irgendwie so manipulieren könnte, dass es schneller studiert.

Diese Annahme ist aber falsch.

»Wortklauberei!«, klagte die Mutter. »Du weißt genau, was ich meine!«

Ja, das wusste mein Freund. Sein argumentatives Problem bestand darin, dass die Mutter es in Wahrheit nicht wusste. Was sie nämlich *meinte*, war wohlwollend: »Hey, ich glaube, es wäre gut, wenn dein Sohn sein Studium schneller fertig kriegt« – vielleicht aus Geldgründen, vielleicht, weil es im Lebenslauf besser aussieht. Jedenfalls muss man nicht dieser Ansicht sein, aber es könnte gute Argumente dafür geben. »Und ich glaube, du könntest ihn dazu motivieren, besser, als zum Beispiel ich es könnte.«

Nimmt man der Mutter auf diese Weise den Befehls-Unterton, dann bleiben nur noch Wünsche, Hoffnungen und die dahintersteckenden Sorgen. Sie sollten in Schach

15.
»Sag dir zuerst, was du sein willst, und dann tu, was du tun musst.«
(EPIKTET)

Kind oder Karriere? Umziehen oder bleiben? Welche Ausbildung wählen, welchen beruflichen Weg? Neues Urlaubsziel oder das altbewährte?

Was will ich werden, wer will ich sein?

Die Entscheidung für einen Beruf wird von vielen Menschen als die wichtigste im Leben angesehen, bestenfalls noch auf Augenhöhe mit Eheschließung und Elternschaft. Dabei setzt sich das Leben letztlich nicht aus drei, vier großen Entscheidungen zusammen, sondern aus vielen tausend kleinen.

Entscheiden wir uns zum Beispiel für einen bestimmten Beruf, weil Eltern oder Lehrer*innen dazu raten, kann das gut gehen. Oder auch nicht. Wenn nicht, werden wir uns Schritt für Schritt eine Nische suchen oder uns aus diesem Feld hinausbewegen.

Das Gleiche gilt für Beziehungen. Entscheide ich mich mit Pauken und Trompeten für eine Person, aber es geht auf die Dauer nicht gut, werde ich mich im Alltag genau zu diesem Problem verhalten: durch Affären, Abwesenheit, Trennung, wie auch immer. Die Konsequenzen großer Entscheidungen werden meist über-, die Folgen kleiner Handlungen meist unterschätzt.

Das spiegelt sich auch in der oben genannten Erkenntnis des Philosophen Epiktet, der um 100 n. Chr. in der römischen Kaiserzeit lebte. In »An einen Lehrer der Beredtsamkeit« schrieb er: »Sag dir zuerst, was du sein willst, und dann tu, was du tun musst.« Vielfach wird die Aufforderung verkürzt und konkretisiert, besonders häufig habe ich die folgende Variante gehört: »Wenn du ein Autor sein willst, schreibe!« Das hat sicher auch mit den nötigen Qualifikationen zu tun. Die erwirbt man in den Künsten weitgehend eigenständig durch regelmäßige Übung. »Wenn du Chirurg werden willst, operiere!« wäre deutlich beängstigender für alle anderen Menschen.

Das Problem der jungen Leute am Beginn ihres Erwachsenenlebens besteht darin, dass sie noch gar nicht recht wissen, was und wer sie sein wollen. Und deshalb auch nicht ableiten können, was sie tun müssten, um an dieses Ziel zu gelangen.

Denn grundsätzlich ist Epiktets Aussage ja ein Allgemeinplatz, den die Neurowissenschaft mittlerweile nachgewiesen hat. Was wir häufig wiederholen, fällt uns leichter.

Doch das ist nur die Hälfte der Weisheit. Die andere Hälfte steckt in »Tu, was du tun musst«. Und diese fällt weg bei der Verkürzung zu »Wenn du ein Autor sein willst, schreibe!« Denn egal welches Ziel ich habe – Fitness, Wissen, Erfolg, Güte –, es gibt Dinge, die ich tun muss, um es zu erreichen. Oft sind es viele, und der Weg ist lang.

Es stimmt schon, was wir oft tun, gelingt uns besser. Und wer nicht schreibt, wird nie eine Autorin oder ein Autor werden. Aber Epiktet zielt meiner Meinung nach auf eine höhere Ebene: Handeln ist wenig zielführend, ohne zuvor das Ziel definiert zu haben.

Oder anders gesagt: Wer nicht weiß, wo sie oder er hinwill, ist zwar möglicherweise überall zu Hause, kommt aber nie an. Wir müssen entscheiden, was wir anstreben, um uns auf den Weg machen zu können.

Erst danach haben wir die Möglichkeit, zu tun, was uns dem Ziel näher bringt. Und das müssen wir dann natürlich auch, denn sonst kommen wir nicht weiter.

So kann das Nichtwissen um ein gemeinsames Ziel auch ein junges Paar behindern. Beide können weder für sich entscheiden noch gemeinsam aushandeln, wohin es gehen soll. Deshalb kennen sie auch die nächsten Schritte nicht.

Und umgekehrt: Wer weiß, dass sie oder er Autor*in sein will, muss, ja, schreiben. Es gibt noch alles mögliche andere, was Autor*innen tun müssen, um ihre Texte tatsächlich in die Welt zu bringen, aber ohne Schreiben geht es nicht.

Warum fällt uns besonders dieser letzte Schritt so schwer: zu tun, was wir tun müssen, um ans Ziel gelangen zu können? Ich vermute, das liegt daran, dass wir erst dann auch scheitern können. Solange wir debattieren, was genau das Ziel ist, ob nicht vielleicht ein anderes besser wäre, und notfalls auch, welche Maßnahmen am besten geeignet sein könnten, wagen wir uns nicht aus der Deckung.

Wenn wir schreiben, malen, singen, operieren oder uns zu einer gemeinsamen Zukunft bekennen, können wir auch kritisiert werden oder auf die Nase fallen. Sobald wir mit unserem Tun an die Öffentlichkeit gehen, wird es, wortwörtlich, kritisch.

Ich habe zum Beispiel lange gesagt: »Wenn's mit dem Journalismus mal nicht mehr läuft, mache ich eine Cupcake-Bäckerei auf.« Bis ich das erste Mal Cupcakes gebacken habe. Das hat mir erheblich weniger Spaß gemacht als angenommen, und sie schmeckten zudem auch nicht gut. Ja, das könnte man lernen, und manchmal kommt die Freude mit der Zeit. Aber die erleichternde Auswegsfantasie hatte jedenfalls an Glaubwürdigkeit erst mal erheblich verloren.

Epiktets Einlassung kann uns, finde ich, in doppelter Weise helfen:

- Wenn wir wissen, dass wir etwas wollen, dann haben wir einen guten Grund zu tun, was dafür getan werden muss. Lernen, sich trennen, Geld verdienen, schreiben, was auch immer.
- Wenn wir nicht wissen, was wir wollen, sind wir gut beraten, uns selbst mitfühlend zu begegnen. Denn solange das Ziel nicht feststeht, kann die Reise nicht beginnen. Wir können auf diese Weise eigene Drückebergerei leichter erkennen, aber wir können

auch den Druck rausnehmen, irgendwas machen zu müssen, nur um etwas zu tun.

WAS DIESE ERKENNTNIS IHNEN SCHENKT:

Handlungsmotivation. Mut, sich zu zeigen. Selbstmitgefühl. Ausdauer.

16.
»Es gibt kein richtiges Leben im falschen.«
(THEODOR W. ADORNO)

Edward Snowden arbeitete 2013 bei der US-Spionagebehörde NSA. Er fand deren Vorgehen derart inakzeptabel, dass er Unterlagen darüber öffentlich machte.

Business-Consultant Caroline Dennett war mit ihrer Firma elf Jahre lang gern und gut bezahlt für Shell tätig – bis sie den Job 2022 hinwarf, weil der Konzern sich nicht ausreichend gegen die Klimakatastrophe engagierte. (Man darf natürlich fragen, warum ihr das erst nach elf Jahren auffiel. Oder man sagt: Besser spät als nie.)

Und wir alle haben doch Freunde, die als kleine Rädchen in großen Unternehmen arbeiten und sich fragen: Ist es okay, wenn die meisten Entscheidungen sich den kurzfristigen Finanzinteressen der Aktionäre unterwerfen? Hat der Manager eines Bekleidungsdiscounters Mitschuld an Kinderarbeit und Umweltverschmutzung? Darf ich noch Fleisch essen, und müssen alle meine Einkäufe regional und bio sein?

Der berühmte Satz Adornos in den *Minima Moralia* –

»Es gibt kein richtiges Leben im falschen« – ist längst zum Kalenderspruch geworden. Das mag daran liegen, dass er für eine philosophische Erkenntnis ausgesprochen verständlich klingt.

Theodor W(iesengrund) Adorno begründete mit Max Horkheimer die »Kritische Theorie«, auch »Frankfurter Schule« genannt. Sie standen der bürgerlich-kapitalistischen Gesellschaft kritisch gegenüber und versuchten, die verdeckten Herrschafts- und Unterdrückungsmechanismen dieser Gesellschaftsordnung sichtbar zu machen. In der Nazizeit flüchteten Adorno und Horkheimer, beide aus deutsch-jüdischen Familien stammend, in die USA, einige Jahre nach Ende des Zweiten Weltkriegs kehrten sie nach Deutschland zurück.

Im amerikanischen Exil schrieb Adorno die *Minima Moralia*. Diese Sammlung von kürzeren Texten erschien 1951. Darin enthalten ist auch der Satz »Es gibt kein richtiges Leben im falschen«.

Mit dem »falschen Leben« meinte Adorno (beispielsweise) das Naziregime. In der ursprünglichen Textfassung steht die Formulierung: »Es lässt sich privat nicht mehr richtig leben.«

Dabei ging es Adorno nicht darum, den Unterschied zwischen Richtig und Falsch infrage zu stellen. Im Gegenteil: Er wollte betonen, wie wichtig es ist, sich den eigenen Sinn für das Richtige nicht nehmen zu lassen.

Warum kann es kein richtiges Leben im falschen geben? Weil gravierend falsche Umstände (ein Angriffskrieg, der Holocaust) sich nicht durch anständiges Handeln im

Kleinen ausgleichen lassen. Wer in Deutschland blieb und nicht in den Widerstand ging, nahm maßgeblich das Hitler-Regime hin. Dem lässt sich nicht durch Anstand innerhalb der eigenen vier Wände begegnen.

Später verwendete die Frauenbewegung den Slogan »Das Private ist politisch«, noch später von der Sponti-Bewegung ergänzt zu »Das Private ist politisch und das Politische privat«. Demzufolge hätte jede private Handlung politische Bedeutung. Das würde Adorno wohl nicht so sehen. Und andererseits sind die Sphären auch nicht gegeneinander verrechenbar. Wir können uns nicht durch noch so korrekte private Handlungen aus dem übergeordneten politischen Umfeld befreien.

Wir können daraus zwei Schlüsse für die Praxis ziehen, die sich jedoch leider kaum in Einklang bringen lassen. Erstens, wegducken hilft nicht. Wenn ein großes Übel besteht und wir nichts dagegen tun, machen wir uns mitschuldig. Zweitens, wir können die Welt nicht im Alleingang retten. Wenn das Übel allumfassend groß ist, können wir durch private Handlungen nichts dagegen ausrichten.

Der erste Schluss betont die Lesart, dass in einem »falschen Leben« (einem ethisch nicht hinnehmbaren Umfeld) kein richtiges Leben möglich ist. Da wir alle jedoch ein richtiges Leben leben wollen, müssen wir irgendetwas tun. Nur was?

Der zweite Schluss schießt im Grunde den ersten ab. Im »falschen Leben« ist, weil es eben auch das Private beinhaltet, kein richtiges Handeln mehr möglich. Es bleibt im Grunde nur die Revolution.

Das ist frustrierend. So ist es manchmal mit den Kalenderweisheiten: Sie klingen toll, aber bei genauerem Hinsehen bringen sie einen nicht viel weiter.

Doch mittlerweile habe ich meine Position geändert. Ich sehe Adornos Satz als Hilfestellung an, um die nächsten Schritte des eigenen Handelns zu bewerten. Die entscheidende Frage dafür ist: Befinde ich mich in einer »falschen« Situation? Beispielsweise ist es nicht sinnvoll möglich, im Alleingang eine nicht mehr funktionierende Beziehung zu retten. Es ist nicht sinnvoll, weiter für eine Firma zu arbeiten, die ihr Geld damit verdient, bewusst die Klimakatastrophe zu verschlimmern. Es ist nicht sinnvoll, weiter in einer Abteilung zu bleiben, die miserabel geführt wird.

Verallgemeinert: Wenn das große System, innerhalb dessen ich agiere, nicht okay ist, dann kann ich mich noch so abstrampeln – es bringt nichts. Dann ist es besser, aufzubrechen und nach Alternativen zu suchen.

Gibt es denn im Umkehrschluss ein falsches Leben im richtigen? Dazu äußert sich Adorno nicht, aber warum nicht? Das ist nun weniger schwierig. Wenn meine Umwelt in Ordnung ist und nur ich Mist baue, kann ich das lassen – Problem gelöst.

Könnte mit dem »richtigen Leben« so etwas wie ein »gutes Leben« gemeint sein? Ein »gutes« Leben kann auf zweierlei Art gelesen werden: Es kann ein »anständiges« Leben im Sinne Platons sein, mit dem man selbst und der Rest der Welt zufrieden ist. Das ist dann vermutlich auch »richtig«. Oder »gut« könnte heißen: erfreulich, genussreich, »fühlt sich gut an«, auch wenn dafür Kinderarbeit, Tierqual oder andere moralische Probleme in Kauf genommen werden. Das hätte Adorno bestimmt missbilligt.

Dennoch merken wir alle jeden Tag, dass wir nicht alles »richtig« oder »gut« machen können. Kompromisse sind nötig. Insofern stellt das Richtige eher einen Wegweiser dar, der zwar das Ziel nicht vorgibt, aber die Richtung sehr wohl. Wir sind dann gezwungen, die miteinander in Konflikt stehenden Handlungen oder Grundsätze zu untersuchen, zu reflektieren und vor allem zu gewichten.

Damit Adornos Ansage überhaupt Sinn ergibt, müssen wir über eine Vorstellung von »richtig« und »falsch« verfügen. Aber kann ein ganzes Leben »richtig« sein? Wohl kaum. Eine Entscheidung kann richtig sein, insofern müssen wir »Leben« wohl eher als Verb verstehen: »Richtiges leben« ist nicht möglich, wenn wir durch unser Tun ein unmenschliches System erhalten.

Da wir alle »leben« (das Verb), sind wir alle aufgefordert, uns kritisch mit dem uns umgebenden Ganzen zu beschäftigen. Adorno und Horkheimer wiesen in vielen Texten darauf hin, dass Politik und Kapitalismus großes Interesse daran haben, die Menschen ruhigzustellen. Wir sollen selbst achtgeben und uns das falsche Leben nicht als das richtige verkaufen lassen, nicht von der Werbung, nicht von der Kulturindustrie, nicht von der Politik.

Wichtig auch deshalb, weil wir nach einer langen Gewöhnung an die »falsche Welt« zu beschädigt wären, die richtige zu erkennen.

Das Motiv der »falschen Welt«, die uns zum Mitlaufen

verführen soll, findet sich auch in zahlreichen Filmen und Serien, beispielsweise in *Die Truman Show* oder auch in *Black Mirror*. Was ist echt und was nicht, was ist richtig und was falsch – und was sollen wir nun tun?

Die Frage bleibt unbeantwortbar in einer Welt mit zu vielen »falschen« Systemen. Zugleich sind wir aufgefordert, sie nicht aus den Augen zu verlieren.

WAS DIESE ERKENNTNIS IHNEN SCHENKT:
Kritisches Bewusstsein. Mut. Eigenständigkeit.

17.
»Verstehen kann man das Leben nur rückwärts, leben muss man es aber vorwärts.«
(SØREN KIERKEGAARD)

Was soll das? Warum ich? Warum jetzt? Wie kann es nun weitergehen?

Solche Fragen stellen wir uns alle andauernd. Auch bei uns am Abendbrottisch sind sie oft zu hören. Wenn Gäste da sind, diskutieren wir manchmal Fragen wie: Ist das alles zu irgendetwas gut?

Aus meiner Sicht ist diese Haltung nur eine Variation von »Krise als Chance«, eine Annahme, die ich vehement bestreite. Natürlich *kann* eine Krise sich als Chance erweisen. Aber sie muss das nicht.

Und ich behaupte auch: Nein, es ist nicht alles zu irgendetwas gut. Manches schon, anderes nicht.

Mit anderen Worten: Ich bin der Ansicht, dass das Leben nicht determiniert ist, dass nicht immer mehr oder weniger aus A unbedingt B folgt.

Zugleich versuchen wir Menschenwesen aber ganz offensichtlich, dem eigenen Leben einen »Sinn« zu geben, was immer das sein mag und wie immer wir diesen Begriff subjektiv verstehen. Menschen, die ihr Leben als »sinnvoll« empfinden, sind glücklicher und leben länger. Dieser Sinn kann der Einsatz für etwas ganz Großes sein, für eine bessere Welt, oder zumindest gegen das Schlechte in der Welt. Wir können Sinn auch ziehen aus den kleinsten Interaktionen mit unserer direkten Umwelt, mit Eltern, Kindern, Partnerinnen und Partnern, Nachbarinnen und Nachbarn. »Sinn« kann bedeuten, dass unser Job für viele andere Menschen notwendig ist. Oder dass wir Freude haben an unserem Tun und es für uns wichtig finden.

Dementsprechend wäre es doch zielführend, so früh wie möglich im Leben die passenden Entscheidungen zu treffen und danach bloß noch zu genießen. Aber das klappt leider nicht.

Und der dänische Philosoph Kierkegaard (1813–1855) hat schön auf den Punkt gebracht, warum das so ist. Weil wir nur rückblickend den roten Faden des eigenen Lebens erkennen können. Wir können erst im Nachhinein »verstehen«, was da los war. Doch *leben* müssen wir vorwärts. Wir müssen ständig Entscheidungen treffen, deren Konsequenzen uns weitgehend unbekannt sind. Wir interagieren mit anderen, und erst viel später zeigt sich, welche Folgen das hat. Wem haben wir gutgetan, wem nicht? Zu wem sind wir enge Beziehungen eingegangen, zu wem nicht? Was hat sich daraus ergeben, an welchen Menschen, Erkenntnissen oder Routinen haben wir festgehalten – und welche haben wir abgelegt?

Martin Heidegger formulierte 1927 einen ganz ähnlichen Gedanken, als er feststellte, dass wir Leben »zum Tode hin« lebten. Der Tod ist das Lebensende, aber nicht sein Höhepunkt (so wie am Ende eines 10 000-Meter-Laufs gejubelt wird). Weil wir das wissen, könnten wir das eigene Leben so einzurichten versuchen, dass wir bis zum Zeitpunkt des Todes die Dinge getan haben, die wir tun wollen. In Hollywood und auf Instagram heißt dieses Prinzip: Bucket-List.

Wie auch immer man es dreht und wendet, wir können nicht hellsehen, und deshalb haben wir zwar die Möglichkeit, das eigene Leben zu beeinflussen – aber es kann dann eben doch alles anders kommen als geplant. Und vor allem ändern wir unterwegs immer wieder unsere Zielvorgaben.

Deshalb ist unser Handeln zwar ausgerichtet darauf, die Zeit bis zum Tod optimal auszunutzen. Doch wir können erst rückblickend sagen, ob das gelungen ist. Ja, wir können auch erst rückblickend sagen, *wie* es gelungen ist. Also was unser Leben ausgemacht hat.

Das lässt sich leicht testen. Denken Sie zurück an die letzten zehn Jahre. Hätten Sie sich vorstellen können, dass die *genau so* abliefen? Dass Ihnen die Dinge wichtig sind, die Ihnen wichtig waren? Dass Sie für die Handlungen und Menschen Zeit aufwenden, für die Sie es getan haben?

Wenn Sie so eine Art thematischen Schwerpunkt der letzten zehn Jahre ausmachen müssten – hätten Sie den auch vorher gewusst?

Natürlich nicht. In der *Bhagavad Gita* (Kapitel 2,

Vers 47), einer hinduistischen Weisheitensammlung (zusammengestellt zwischen 1200 und 500 v. Chr.), steht: »Dein einziges Recht ist es zu wirken, und keinen Anspruch hast du auf die Früchte deines Tuns. Lass weder die Früchte deiner Handlung dir Motiv zur Handlung sein, noch wende dich zum Müßiggang.« Das kollidiert auf eigenartige Weise mit der Kantischen Tugendethik wie auch mit dem Utilitarismus. Im Utilitarismus werden Handlungen nach ihrem Ergebnis bewertet. Wenn wir das nicht einigermaßen sicher vorhersagen können, wie sollen wir dann Entscheidungen treffen? Kant hingegen bewertete mögliche Handlungen nur gemäß ihrer Intention, aber wenn der gute Wille nicht oft zu einem guten Ergebnis führt, was kann ich mir denn dann dafür kaufen?

Kierkegaard geht in seinem Tagebucheintrag meines Erachtens nicht so weit. Er schrieb: »Es ist ganz wahr, was die Philosophie sagt, dass das Leben rückwärts verstanden werden muss. Aber darüber vergisst man den andern Satz, dass vorwärts gelebt werden muss.« Das sprengt keineswegs das Verhältnis von Ursache und Wirkung. Er betont nur, dass ein Gesamtbild – ein Verständnis für das große Ganze – sich erst im Nachhinein einstellen kann.

Was für mich heißt: Das eigene Vermächtnis an die Welt vorab festlegen zu wollen, wäre hochnäsig. Wir sollten unser Bestes geben und im Idealfall noch Freude am Tun haben. Alles andere zeigt sich später. Und wir müssen es dann mit einer gewissen Demut annehmen, denn wir haben das Leben gelebt, auf das wir zurückblicken. Wir waren die Autoren einer Geschichte, die wir erst am Ende, wenn überhaupt, begreifen.

WAS DIESER SATZ IHNEN SCHENKT:
Demut. Entscheidungsfreiheit. Hoffnung.

18.
»Wir sollten auf Gott wetten.«
(BLAISE PASCAL)

Die Tochter einer Freundin von uns ist verliebt in einen Amerikaner. Der ist weit weg und der Herzschmerz groß. Was tun? Sie muss sich entscheiden für (oder gegen) eine Ausbildung, einen Wohnort, einen Job. Vor ihrem geistigen Auge – und dem ihrer Eltern – entstehen und vergehen mögliche Zukünfte.

Welche soll sie wählen? Auf welches Pferd soll sie setzen?

Derartige Fragen stellen sich uns im Leben häufiger. Umzug für den Traumjob oder die große Liebe? Projekt A oder B? Kind oder Karriere? (Denn mal im Ernst: Kind *und* Karriere ist ein in seiner Absolutheit vollkommen unhaltbares Politversprechen.)

Meist vergleichen wir nicht nur Äpfel mit Birnen, sondern eher Äpfel mit Schurwolle, Riemchensandalen oder Gemütlichkeit. »Vergleichen« ist oft das falsche Wort – wir müssen höchst unterschiedliche Dinge gegeneinander abwägen. Wobei meist klar ist, dass jede Vorstellung, die wir uns vom möglichen Verlauf der Folgen machen, sowieso von der Wirklichkeit ad acta gelegt werden wird.

Was also tun?

Im Risikomanagement werden Gefahren in zwei Dimensionen bewertet: Wie wahrscheinlich ist es, dass ein bestimmtes Problem auftritt? Und wie dramatisch ist es? Konkretes Beispiel: Es ist sehr unwahrscheinlich, dass der Schlauch einer Beatmungsmaschine undicht wird. Aber wenn das passiert, stirbt die Patientin oder der Patient. Vermeidbare Todesfälle sind in Krankenhäusern das ultimative Drama. Also muss so gut wie irgend möglich sichergestellt werden, dass der Schlauch funktioniert.

Umgekehrt: Wenn nur *eine* Ärztin oder nur *ein* Arzt sich die Hände nicht gründlich wäscht, halten sich die negativen Folgen meist in Grenzen. Aber weil so viele Ärztinnen und Ärzte so oft am Tag ihre Hände waschen und desinfizieren sollten, ist die Wahrscheinlichkeit hoch, dass vermeidbare Infektionen stattfinden, wenn hier Laissez-faire herrscht.

Ähnlich ging Blaise Pascal 1840 in seinen *Gedanken über die Religion* vor. Bislang hatten Philosophen sich daran versucht, die *Existenz* Gottes zu beweisen. Pascal hingegen argumentierte für den *Glauben* an Gott.

Denn: Der christliche Gott existiert – oder er existiert nicht. Eines von beidem muss der Fall sein, halb schwanger geht nicht.

Es ist zumindest schwierig, wenn nicht gar unmöglich, die Existenz Gottes zu beweisen. Darum heißt es ja auch *Glaube* im Gegensatz zu *Wissen*schaft.

Ist es nun aber sinnvoll, ein christliches Leben zu führen? Wenn ja, warum?

Pascal kam zu folgendem Schluss: Entweder es gibt Gott

nicht. Wer unter diesen Umständen ein Leben gemäß den christlichen Werten führt, »gewinnt« zwar nichts, »verliert« aber auch wenig bis nichts. Diese Einschätzung hängt natürlich mit Pascals Bewertung der durch das Einhalten christlicher Werte vorgegebenen Einschränkungen zusammen.

Zweite Option: Es gibt Gott nicht, und man hält sich auch nicht an die Vorgaben der christlichen Kirche. Das war aus seiner Sicht kein Gewinn, kein Verlust. Heute würde man dieser Position vielleicht doch einen bestimmten, aber eben begrenzten Gewinn an Möglichkeiten zuschreiben.

Dritte Option: Es gibt Gott, und man führt kein christliches Leben. Zack, ab in die Hölle. Der Gewinn im kurzen Leben auf Erden ist gering, der Preis dafür – eine Unendlichkeit in der Hölle – ist »unendlich« hoch. (Und genau diese Multiplikation mit »unendlich« ist der argumentative Witz der Sache.)

Vierte Option: Es gibt Gott, und man führt ein gottgefälliges Leben. Dafür muss man sich zwar auf Erden ein bisschen zusammenreißen, kommt dann aber in den Himmel (das Rechenergebnis ist also »unendlich positiv«). Daher befand Pascal, »daß es schwer ist das Dasein Gottes durch die natürlichen Geisteskräfte zu beweisen; aber daß das Sicherste ist es zu glauben«.

Was nützt uns das nun heutzutage?

Das Prinzip, dass manche Optionen zwar höchstwahrscheinlich gut gehen, aber einen riesigen Schaden verursachen, wenn sie scheitern, lässt sich häufig anwenden. Und zwar objektiv wie subjektiv.

Objektiv beispielsweise auf Atomkraft. Solange die Werke ordentlich laufen und der Atommüll korrekt gelagert wird – bestens. Aber *wenn* mal was schiefgeht (siehe Tschernobyl oder Fukushima), ist es eben ein GAU.

Subjektiv lassen sich derartige Überlegungen ebenfalls anwenden. Mit dem Flugzeug zu reisen beispielsweise ist die sicherste Fortbewegungsmöglichkeit. Aber *wenn* es zu Problemen kommt, dann sind meist gleich alle tot. Das ist intuitiv die gängige Argumentation von Personen, die Flugangst haben. Aus demselben Grund könnte man sich gegen Bungee-Jumping entscheiden, oder gegen Heroinkonsum.

Wer von sich weiß, dass Enttäuschungen und Kritik schwer zu verdauen sind, wird vielleicht nicht unbedingt ein neues Projekt präsentieren oder eine Prüfung ablegen wollen.

Umgekehrt können wir unter Bezug auf Pascals Wette auch persönliche Eigenheiten reflektieren. Ist es wirklich eine sinnvolle Position, aus Angst vor einem sehr unwahrscheinlichen Flugzeugabsturz lange Autoreisen zu unternehmen, bei denen das Unfallrisiko viel größer ist? Möchte ich mich wirklich beruflich von meiner Furcht vor einem Scheitern gänzlich ausbremsen lassen – oder kann ich eine Möglichkeit gestalten, die aushaltbar wäre? Zum Beispiel, indem ich für besonders viel Stabilität und Halt in anderen Lebensbereichen sorge?

Letztlich geht es immer wieder um die Frage: Wie viel Angst habe ich vor dem negativen Ausgang? Muss ich diese Option mit »unendlich« multiplizieren – oder vielleicht nur ein wenig stärker gewichten als den erwünschten Ausgang?

Wenn ein Erfolg zu, sagen wir mal, 80 Prozent wahrscheinlich ist. Aber der Misserfolg richtig wehtäte. Dann ist das Verhältnis eben nicht 80 zu 20, sondern zum Beispiel 80 zu 40. Dabei bewerte ich das Scheitern als »doppelt so intensiv« wie ein Gelingen.

Zum selben Vorgehen rieten wir der unglücklich verliebten Tochter unserer Freunde. Sie wünschte sich sehr, dass ihr Freund zu ihr zöge. Der sagte auch, er wolle das. Aber natürlich ist so eine Absichtserklärung noch nicht dasselbe wie gemeinsam im Doppelbett zu liegen. Große Angst hatte sie davor, die nächsten Monate alles in Richtung »gemeinsame Zukunft« entscheiden zu müssen – und dann sagt er vielleicht doch ab. (Im Grunde der Plot jeder »Die Braut, die sich nicht traut«-Komödie.)

Und sie hat ja recht. Das kann passieren. Vermeiden ließe sich dieses Risiko nur durch eine vorauseilende Trennung. Also: Ich verlasse dich, bevor du mich verlassen könntest. Ein Verhalten, das wir nicht nur von Teenagern kennen. Das erscheint auch später im Leben noch verlockend. Nicht nur in Beziehungen übrigens, sondern auch im Job.

Durch die »Wie schlimm ist die schlimmste Option«-Überlegung wurde allerdings auch klar: Sie würde sich zwar auf das Zusammenwohnen freuen und vielleicht bitter enttäuscht werden. Die Sachentscheidungen aber wären kaum anders. Welche Ausbildung, welche Stadt, welche Wohnung – all das muss so oder so für sie allein passen und bezahlbar sein. Ja, dann ist die erste eigene

Bude vielleicht ein bisschen kleiner, als sie es wäre, wenn beide von Anfang an gemeinsam im Mietvertrag stünden. Aber das kann ja auch ganz charmant sein.

Die Logik von Pascals Wette ermöglichte es der jungen Frau, wieder handlungsfähig zu werden. Weil ihr klar wurde, dass sie es »mal unendlich« blöd fände, sich jetzt von ihrem Freund zu trennen. Aber nur »mal ziemlich viel« traurig wäre, wenn er am Ende doch nicht mitkommt.

Wie bei Pascal geht es auch hier nicht um exakte Wissenschaft. Sondern nur um die Frage: Was ist mir wie wichtig, und wie wäge ich nicht vernünftig vergleichbare Optionen gegeneinander ab?

Muss man dafür an Gott glauben, ob nun aus strategischer Berechnung oder warum auch immer? Nein. Die argumentative Figur lässt sich auch ganz säkular anwenden.

PS: Charles Darwin schrieb für sich eine Liste mit Vor- und Nachteilen, um sich zu entscheiden, welche von zwei Frauen er heiraten sollte. Und dann wählte er doch die mit weniger Pluspunkten. Die Ehe hielt bis zu seinem Tod. Mit anderen Worten: Manchmal ist unser Bauchgefühl vernünftiger als unsere Vernunft. Pascals Wette ist keine Garantie für die richtige Entscheidung, sie hilft nur dabei, die eigenen Kriterien zu bewerten. Und manchmal erkennen wir im Lauf des Tuns, dass wir ohnehin keine andere Wahl haben, als einen bestimmten Weg zu gehen.

WAS DIESER SATZ IHNEN SCHENKT:

Mut. Vertrauen. Zuversicht.

19.

»Kinder schulden ihren Eltern nichts.«

(BARBARA BLEISCH)

»Wann kommst du mich mal wieder besuchen?« Fragen wie diese können sehnsüchtig klingen – oder vorwurfsvoll.

Und in manchen Familien ist es noch viel schlimmer. Die Eltern intrigieren gegen Partnerin oder Partner, manipulieren Geschwister durch ungerechte Geldgeschenke.

Erwachsene Menschen fallen noch mit 30, 40, 50 Jahren in die Kinderrolle zurück und zeigen den Eltern gegenüber uneingeschränkten Gehorsam.

Warum? Weil sie es ihnen schuldig sind. Glauben sie.

Die Eltern haben ihnen das Leben »geschenkt«, wie man so schön sagt. Und sie dann im Idealfall rund zwei Jahrzehnte durchgefüttert und umsorgt. Heutzutage manchmal auch ein wenig länger …

Ist doch klar, dass man dann später den Rasen mäht, sonntags zum Essen kommt, die »Vorschläge« der Eltern zur Kindererziehung für bare Münze nimmt und die magere Rente aufstockt. Und natürlich: Werden die Eltern pflegebedürftig, gilt es als Königsdisziplin, diese Pflege vollständig selbst zu erbringen – sonst heißt es: »Wirklich, du hast die Mama ins Heim gegeben? Das würde ich nie übers Herz bringen!« In solchen Situationen werden erwachsene Kinder von entfernten Bekannten schärfer verurteilt als dafür, ihr Baby in die Kita zu geben (und da sind die »Rabeneltern«-Vorwürfe schlimm genug).

Doch was ist dran an der Annahme, Kinder seien verpflichtet, sich für die eigene Aufzucht zu revanchieren?

Einerseits gibt es da natürlich die esoterische Fraktion, die behauptet, wir hätten uns irgendwie kosmisch die Familie ausgesucht, in die wir hineingeboren werden. Und damit die Aufgaben, vor die uns das stellt. Kinder, die von den Eltern schlecht behandelt werden, sind also im Grunde selbst schuld, weil schlecht gewählt. Diese bizarre These lässt sich zwar nicht widerlegen, aber auch nicht beweisen. Sie fällt damit ins Reich des Glaubens, nicht der Wissenschaft (denn seit Karl Popper zeichnen sich wissenschaftliche Annahmen durch die Möglichkeit der Falsifizierbarkeit aus).

Ich erwähne diese semireligiöse Position nicht so sehr, weil sie ernsthaft diskussionswürdig wäre. Sondern weil sie emotional ganz gut beschreibt, mit welcher Haltung viele Menschen der Herkunftsfamilie gegenüberstehen. Motto: »Ist halt so, muss man durch.«

Vielfach kommen sie durch genau die umgekehrte Haltung – »man kann es sich schließlich nicht aussuchen« – zum selben Schluss: Blut ist dicker als Wasser.

Auftritt der Schweizer Philosophin Barbara Bleisch: Sie ist selbst Mutter (und Tochter natürlich auch) und begründet in ihrem gleichnamigen Buch, »warum wir unseren Eltern nichts schulden«. Damit widerspricht Bleisch immerhin philosophischen Größen wie Aristoteles und Thomas von Aquin, die ganz selbstverständlich der Ansicht waren, erwachsene Kinder seien ihren Eltern vieles schuldig. Die Logik dahinter: Die Eltern haben sich gekümmert, gesorgt, sie sind finanziell und emotional quasi in Vorleistung gegangen.

Genau hier setzt Bleisch argumentativ an. Sie sagt: Erstens hat niemand darum gebeten, geboren zu werden. Die »Vorleistung« der Eltern sei in diesem Sinne also eine Art ungefragtes Bankdarlehen für ein Sofa, das wir gar nicht selbst ausgesucht haben. Zweitens wissen Eltern vorher, dass Kinder eine Menge Arbeit machen und Geld kosten. Diese Entscheidung treffen sie also für sich ganz allein.

Drittens: Eltern zu sein ist eben keine Altersvorsorge. Sondern das Elternsein selbst ist die Belohnung für den Einsatz. Denn es macht Freude, mit Kindern umzugehen, und es ist außerordentlich sinnstiftend.

So gesehen sind Eltern und Kinder also »quitt«, wenn die Kinder mit dem eigenen, eigenständigen Leben beginnen.

Ist Bleisch der Ansicht, dass die Generationen nun vollkommen voneinander losgelöst sind oder sein sollten? Nein. Sie weist nur darauf hin, dass eine Verbundenheit in einem Schuldverhältnis nicht angenehm ist. Mögen sich Eltern und Kinder hingegen, ist das natürlich eine feine Sache. Aus dieser gegenseitigen liebevollen Verbundenheit mag dann auch eine wechselseitige Unterstützung entstehen. Die ist dann aber freiwillig, und es besteht kein moralischer Anspruch darauf.

(Juristisch sieht die Sache übrigens ein wenig anders aus: Rein rechtlich sind Kinder bei entsprechendem eigenen Einkommen und in gewissem Umfang durchaus verpflichtet, finanzielle Verantwortung für die eigenen Eltern zu tragen.)

Bleisch verweist auf den australischen Philosophen Simon Keller, der zwischen generischen und speziellen Gütern unterscheidet. Tägliche Pflege, kochen, waschen, ankleiden, sieht er als generisch an – diese Aufgaben müssen erledigt werden, aber es ist egal, von wem. Generische Güter können problemlos an professionelle Dienstleister ausgelagert werden. Familienangehörige sollten sich lieber Zeit nehmen für spezielle Güter – das gemeinsame Erinnern, den Lieblingskuchen backen, den Weihnachtsbaum schmücken wie früher. Sie tragen dazu bei, eine Bindung zu bestätigen und zu bewahren. Deshalb ist es hier relevant, wer agiert.

Hinzu kommt, dass innerfamiliäre Pflege oft beide Seiten überfordert, die Pflegenden wie auch die Gepflegten. Spitz formuliert: Vielen älteren Menschen wäre es lieber, wenn ihnen nicht die eigenen Kinder die Windeln wechseln. Auch wenn, ja, sie das früher umgekehrt oft und ganz selbstverständlich getan haben.

Die Beziehung zu den eigenen Eltern ist eine der wenigen, die wir nicht wählen und vor allem auch nicht abwählen können. Es gibt keine Ex-Mutter, keinen Ex-Vater. Diese Einzigartigkeit und das langjährige Zusammenleben resultieren in einer hohen Emotionalität dieses Verhältnisses. Doch es kann hilfreich sein, ein wenig Abstand zu wahren und die geforderte sowie die eigene Haltung rational zu prüfen.

Sich voller Bitterkeit oder über die eigenen Erschöpfungsgrenzen hinaus um die Eltern zu kümmern, »weil man das so macht«, hinterlässt Spuren. Es beschädigt die Beziehung, die Erinnerung und vielleicht sogar die eigene Gesundheit. Eltern, die es gut mit den eigenen Kindern meinen, können diese Form des Abarbeitens von angeblichen Schulden nicht wollen. Auch wenn ihnen das selbst vielleicht nicht so klar ist.

Heißt das, wir können einfach entspannt in den Urlaub fahren, sollen sich die Eltern doch selbst darum kümmern, wer sich um sie kümmert?

Nicht unbedingt. Es kann gute Gründe für einen Kontaktabbruch oder eine sehr große Distanz zu den Eltern geben. Aber ein solches Verhalten hat auch einen hohen Preis.

Bleisch ist nicht der Ansicht, jede Generation sollte ihre Energie stets nur in die nachfolgende investieren (»pay it forward« heißt ein solches Vorgehen im Amerikanischen, »gib es weiter«). Sie regt nur an zur Analyse der angeblichen Pflicht, angebliche Schulden abtragen zu müssen. Wann wäre das auch der Fall? Nach 20 Jahren? Wie hoch wären sie? Hundertfünfzigtausend Euro (so viel kostet ein Kind die Eltern im Durchschnitt bis zur Volljährigkeit)? Genau betrachtet hält die Pflicht einer Überprüfung nicht stand.

Machen wir uns das klar, können wir uns aus der Abhängigkeit von den Eltern lösen.

Dann schießen uns nicht mehr die Tränen in die Augen, wenn die Eltern unseren Kuchen nicht mögen oder sie finden, unsere Fenster seien nicht gut genug geputzt. Dann stehen wir nicht mehr innerlich stramm, wenn Mutter oder Vater gern irgendwohin gefahren werden möchten oder die Regenrinne gereinigt werden soll.

Wir sind dann frei darin, ihnen zu helfen oder nicht. Und können dabei uns selbst treu bleiben. Denn nur auf diesem Weg können wir den Wunsch realisieren, der sich im Idealfall hinter den Schuldforderungen verbirgt: eine liebevolle Verbundenheit der Generationen, die Freiheit erlaubt und dennoch Halt gibt.

WAS DIESER SATZ IHNEN SCHENKT:
Freiheit. Unabhängigkeit. Liebe.

20.

»Wer bin ich – und wenn ja, wie oft?«

(PLUTARCH)

Maries Freund hat ihr eine Ohrfeige gegeben. Aber danach war er in Tränen aufgelöst und hat versprochen, das nie wieder zu tun.

Zum soundsovielten Mal.

Wer einmal lügt, dem glaubt man nicht …

Oder?

Können Menschen sich ändern?

Alle sieben Jahre, heißt es, würden sich die gesamten Körperzellen erneuern. Wieso habe ich dann immer noch die Narbe aus der Schulzeit und kann mich an Vorfälle erinnern, die zehn Jahre zurückliegen?

Wir alle verändern uns. Ständig. Zum Guten, zum Schlechten, oder auch weder-noch.

Aber bin ich dann noch ich?

Wenn der Kollege die letzten fünf Male meine Idee geklaut und als seine eigene ausgegeben hat – kann ich ihm dann noch trauen?

Wenn ich mir endlich gute Angewohnheiten angewöhnen möchte, diesmal wirklich, mehr Sport, weniger essen, nicht mehr rauchen, netter sein … geht das überhaupt?

Wenn die Freundin verlangt, dass ich meine Socken nicht überall rumliegen lasse – bin ich dann überhaupt noch ich, wenn ich das tue?

Diese Frage verhandelten die Philosophen schon vor Tausenden von Jahren. Ein besonders schönes Beispiel für die Überlegung ist das Schiff des Theseus. Es beschäftigt sich mit der sogenannten »diachronen Identität«. »Diachron« bedeutet: »durch die Zeit hindurch« oder »nicht gleichzeitig«.

Die Story, erstmals festgehalten vom griechischen Schriftsteller Plutarch (45–125 n. Chr.), geht so: Jedes Jahr fuhr Theseus mit seinem Schiff nach Delos. Zwischendurch musste am Schiff mal was repariert werden. Planken wurden ausgetauscht, Segel geflickt, der Mast erneuert. Frage: Wenn irgendwann alle alten Bauteile erneuert wurden – handelt es sich dann noch um dasselbe Schiff?

Landläufig würden wir sagen: ja, irgendwie schon.

So weit, so gut.

Dann kam Thomas Hobbes und fügte der Geschichte eine raffinierte Überlegung hinzu: Nehmen wir mal an, der Schiffsbauer hätte die ganzen alten Teile aufgehoben und würde irgendwann aus ihnen das alte Schiff zusammenbauen. Das wäre in recht schäbigem Zustand, okay. Aber trotzdem: Gibt es nun das gleiche Schiff zwei Mal?

Das kann ja wohl nicht sein.

(Dieselbe Lektion gibt es auch weniger philosophisch zum Beispiel als »Großvaters Axt«: Wenn nacheinander und unabhängig voneinander sowohl das Axtblatt als auch der Stiel ausgewechselt wurden, ist es dann noch »Großvaters Axt«?)

Hobbes entwickelte daraufhin das Konzept der relativen Identität. Das ursprüngliche Schiff und das wiederhergestellte Schiff teilen sich die Materie. Das ursprüngliche und das neue – reparierte und aktuell genutzte – Schiff teilen sich die Form.

Hm. Praktisch bedeutet das: Die Schiffe sind »irgendwie« die gleichen, »irgendwie« aber auch nicht. Wobei »irgendwie« besser natürlich »auf eine bestimmte Weise« hieße.

Und genau das ist unser Sprungbrett für den lebenspraktischen Bezug. Wir alle bleiben »auf eine bestimmte Weise« dieselben. Und auf eine andere Weise nicht.

Im Regelfall ist klar, was bleibt. Der Name, die Steuernummer, das Geschlecht, die Hautfarbe, Fingerabdrücke. Ab einem gewissen Zeitpunkt wahrscheinlich auch so etwas wie der Charakter, typische Verhaltensweisen, Vorlieben. Wissen und Können nehmen längere Zeit zu, dann aber wieder ab. Name, Geschlecht, Steuernummer und sogar die Hautfarbe lassen sich ändern. Manche Eigenheiten hingegen nicht. Die Übergänge sind also fließend.

Könnte ich aufhören zu rauchen, zu trinken, andere zu unterbrechen? Klar. Aber es ist schon verdammt schwierig.

Könnte Maries Freund wirklich nie wieder die Hand gegen sie erheben? Klar: könnte. Aber wird er das schaffen? Das weiß niemand, selbst bei besten Absichten.

Wir neigen dazu, maßgebliche Eigenschaften als »gesetzt« zu betrachten. Mag sein, dass nach wenigen Jahren alle Körperzellen erneuert wurden – aber der Charakter bleibt.

Das ist anders als bei dem attischen Schiff. Dort wird eine quietschende brüchige Planke gegen eine neue ausgetauscht, die andere Eigenschaften mitbringt. Die Eigenheiten des Schiffs werden erneuert und verändern sich.

In dieser Hinsicht unterscheiden sich Gegenstände von Menschen.

Wird unser Elternhaus entkernt und mit einem massiven Anbau versehen, ist es zwar »irgendwie« noch unser Elternhaus. Aber es hat völlig andere Eigenschaften, einen anderen Nutzwert, eine andere Atmosphäre. Wichtige Faktoren haben sich geändert.

Bei Menschen, lehrt die Erfahrung, ist das eher selten der Fall. Wenn überhaupt, wollen wir die Veränderung *in action* sehen. Zumal ja Hobbes' lustige Verdopplungsidee mit Lebewesen nicht funktioniert. Niemand kann aus ausgefallenen Haaren und abgestorbenen Leberzellen ein zweites Ich erschaffen. Diese Form der Dualität ist unmöglich.

Ist Theseus' Schiff noch dasselbe wie Jahrzehnte zuvor? Oder ein sehr, sehr deutlich umgebautes Haus? Ja und nein, es kommt auf den Betrachtungsschwerpunkt an.

Aber bin ich noch derselbe wie früher, und Maries Freund, und der umtriebige Kollege? Je mehr Persönlichkeit ein Wesen hat, desto eher neigen wir dazu, die Frage mit »Ja« zu beantworten. Der Körper mag verfallen (oder auch durch Training und Nichtrauchen gesunden), aber der Geist bleibt.

Teilen sich die ehemalige und die aktuelle Version einer Person die Materie – oder die Form? Anders gesagt: Hat sich im Grunde alles geändert, oder ist alles gleich geblieben?

So stützt die Geschichte vom Schiff des Theseus tatsächlich das geflügelte Wort »Wer einmal lügt, dem glaubt man nicht« und das Misstrauen vom »gebrannten Kind«. In beiden Fällen gibt es Ausnahmen, die wir gut begründet wissen wollen.

Und man kann die Story auch noch darüber hinaus praktisch deuten. Wer nach fünf Jahren an denselben Urlaubsort fährt oder nach längerer Zeit ein altes Lieblingsrestaurant besucht, kennt das Phänomen: Es sieht alles aus wie immer, fühlt sich aber ganz anders an. Weil es gleich geblieben ist – und doch auch wieder nicht.

WAS DIESER SATZ IHNEN SCHENKT:

Lebendigkeit. Akzeptanz von Veränderung und Vergänglichkeit.

21.

»Das schauerlichste Übel also, der Tod, geht uns nichts an; denn solange wir existieren, ist der Tod nicht da, und wenn der Tod da ist, existieren wir nicht mehr.«

(EPIKUR)

Tot sein hat einen schlechten Ruf. Die meisten Menschen wollen den Tod weiträumig meiden. Und doch beschäftigen sie sich viel mit ihm.

So alt wie irgend möglich zu werden ist für viele Menschen ein erstrebenswertes Ziel. Die Pharmaindustrie verdient gut an den entsprechenden Nahrungsergänzungsmitteln, und die Wissenschaft forscht intensiv.

Andererseits wäre es auch kein Spaß, unsterblich zu sein. Irgendwann würde das Leben langweilig.

Lange Zeit ging man davon aus, der Mensch sei das einzige Wesen, das um seinen eigenen Tod wisse, und genau darin liege der Unterschied zu den Tieren. Mittlerweile ist diese These umstritten. Viele Tiere ziehen sich zum Sterben an einen ruhigen Ort zurück, manche opfern ihr Leben für den Nachwuchs – zumindest kurz vor dem Ende scheinen sie die Andersartigkeit des Moments erfassen zu können.

Wer gern lebt, ist ungern tot. Das ist erst einmal nicht von der Hand zu weisen. Aber oft lähmt uns die Todesfurcht. Manche Menschen plagt die Angst, qualvoll zu sterben, obwohl es für diese Annahme keinen Grund gibt. Andere können sich schlecht entscheiden zwischen den vorhandenen Optionen, denn »alles« ist in einem Leben nicht zu schaffen – und was, wenn ich das Falsche wähle?

In einer anderen Übersetzung Epikurs heißt es: »Der Tod hat keine Bedeutung für uns.« Daraus wurde abgeleitet, der Tod sei nicht schlecht oder schlimm – und demzufolge sei das Leben auch nicht gut oder wünschenswert.

Diese Interpretation halte ich für bewusst provokant und nicht haltbar. Epikur wollte nämlich darauf hinaus, dass es für jeden Menschen möglich sei, den Zustand der »Ataraxie« (der vollkommenen inneren Ruhe) zu erreichen. Weil wir nicht mal vor dem Tod Angst haben müssten. Denn – siehe die Formulierung in der Überschrift – der »geht uns nichts an«.

Mein Vater sagte oft, vor dem Tod habe er keine Angst, nur vor dem Sterben. Dagegen kommt auch Epikur nicht an. Immerhin aber kann seine Überlegung uns die Angst vor dem Nicht-mehr-hier-Sein nehmen.

Kurt Tucholsky dichtete: »Ach, ich werde mir doch mächtig fehlen, wenn ich einst gestorben bin.« Heute würde man dazu FOMO sagen: Fear Of Missing Out. Denn wer tot ist, kann nicht mehr am Leben teilhaben.

Aber wer tot ist, kann das eben auch nicht mehr wollen. Und wird es nicht vermissen.

Diese Überlegung ist unabhängig davon, welche Vorstellung wir vom Tod haben. Entweder wir existieren ganz einfach nicht mehr. Dann ist Ruhe im Karton, und wir vermissen das Leben nicht. Oder wir geistern in irgendeiner Form weiter herum, sei es als neu verteilte Lebensenergie, sei es als karmische Wiedergeburt oder als Engel auf einer Wolke im Himmel. Dann haben wir einen neuen Status, an dem wir wahrscheinlich wieder hängen.

Also immerhin: Das Sterben mag man fürchten, der Tod kann uns den Buckel runterrutschen, denn entweder sind wir da – oder er.

Vielleicht spielt auch noch etwas anderes in die Bewertung hinein. Den Tod von Menschen, die wir lieben, fürchten wir möglicherweise deshalb, weil wir sie dann sehr vermissen werden. Denn deren Tod ist sehr wohl da, während wir da sind.

Und daraus ziehen wir den (Fehl?-)Schluss: Den Tod muss man fürchten. Obwohl wir den eigenen Tod eben nicht miterleben werden.

Epikur lebte um 300 v. Chr. Gute 200 Jahre später ergänzte sein Kollege Lukrez die Argumentation um ein Symmetrieargument. Er machte geltend, dass wir vor unserer Geburt nicht existent waren. Ebenso werden wir nach dem Tod nicht existent sein. Diese Zustände ähnelten sich – und ähnliche Zustände erforderten ähnliche Haltungen.

Das ist ein bisschen von hinten durch die Brust ins Auge

argumentiert, denn der eine Zustand liegt hinter uns, der andere vor uns. Außerdem spielt ja noch die Reihenfolge hinein: Wir waren erst nicht existent, dann begann unser Leben.

Immerhin aber muss man bei Lukrez so weit mitgehen, dass »Totsein« vermutlich genauso nicht existent ist wie »Ungeborensein«, also wahrscheinlich nicht schrecklich. Und warum sollte man sich vor dem Eintreten von etwas nicht Schrecklichem fürchten?

Denn wir wissen zwar, dass der Tod irgendwann kommt. Aber meist haben wir nicht mal eine grobe Ahnung davon, wann das sein wird. Insofern hat Epikur recht. Es ist Zeit- und Energieverschwendung, sich vor etwas zu fürchten oder etwas vermeiden zu wollen, auf das wir kaum Einfluss haben. Besser ist es, wenn wir uns guten Gewissens auf das Hier und Jetzt konzentrieren, auf das Leben. Weniger Angst übersetzt sich in mehr Mut: Machen wir das Beste draus und genießen so viele Augenblicke wie möglich!

WAS DIESER SATZ IHNEN SCHENKT:

Lebensfreude. Unmittelbarkeit. Angstfreiheit.

22.
»Alles fließt.«
(HERAKLIT)

»Die Zeit heilt alle Wunden.« »Kommt Zeit, kommt Rat.« »Andere Mütter haben auch schöne Söhne.« »This too shall pass« (auch das geht vorbei). Es gibt viele Sprichwörter, die darauf abzielen, dass ein unangenehmes Gefühl nicht ewig bleibt.

Das Problem an der Veränderlichkeit von Gefühlen liegt damit zugleich auf der Hand: Auch die angenehmen Momente vergehen. »Man muss die Feste feiern, wie sie fallen«, heißt es daher.

»Panta rhei« lautet die Erkenntnis von Heraklit (520–460 v. Chr.) auf Griechisch, ins Deutsche übertragen: »Alles fließt.«

Von Heraklit selbst gibt es keine Aufzeichnungen. In Platons Erzählungen über Heraklit findet sich die Aussage in unterschiedlichen Formulierungen: »Alles bewegt sich fort und nichts bleibt«, »Wer in denselben Fluss steigt, dem fließt anderes und wieder anderes Wasser zu«, »Wir steigen in denselben Fluss und doch nicht in denselben, wir sind es und wir sind es nicht«, »Man kann nicht zweimal in denselben Fluss steigen.«

Goethe nahm das Motiv auf in seinem Gedicht »Dauer im Wechsel«:

Gleich, mit jedem Regengusse,
Ändert sich dein holdes Tal,
Ach! und in demselben Flusse
Schwimmst du nicht zum zweiten Mal

Im Leben rechnen wir trotzdem regelmäßig mit Kontinuität. Wenn der Supermarkt umbaut, laufen wir monatelang durch die falschen Gänge. Wir rechnen damit, dass auch morgen wieder die Sonne aufgeht. Wir verlassen uns auf Freundschaften und sogar Liebesbeziehungen. Schmeckt das Essen im Urlaubsrestaurant zehn Jahre später anders als damals, sind wir enttäuscht.

Menschen glauben auch, dass ihre Freude ewig anhält. Das ist mittlerweile widerlegt. Lottogewinner sind nach kurzer Zeit (sechs bis zwölf Monaten) genauso zufrieden oder unzufrieden mit ihrem Leben wie zuvor. Und über das neue Auto, die Gehaltserhöhung, die neue Partnerschaft freuen wir uns nach einer Weile nicht mehr so wie anfangs.

Umgekehrt nimmt die Zufriedenheit von Personen nach schweren Unfällen meist auch wieder zu. Und der Unglücksschmerz nach einer Trennung oder einem Todesfall nimmt ab.

Psychologen sagen dazu nicht, dass wir uns »gewöhnen«, sondern dass wir eine Emotion »integrieren«. Das ist ein kleiner, feiner Unterschied. Die Trauer über einen großen Verlust beispielsweise geht nicht einfach wieder weg. Wir lernen nur, mit ihr zu leben.

Dennoch empfinden wir Heraklits Erkenntnis in beiden Situationen als unglaubwürdig: Geht es uns gut, können wir uns nicht vorstellen, dass es irgendwann schlechter wird – warum denn? Und geht es uns schlecht, erscheinen uns die Trostsprüche anderer als übergriffig und ahnungslos – die können schließlich gar nicht wissen, wie schlecht es um *mich* bestellt ist!

Buddha soll gesagt haben, dass »Anhaften« die Ursache allen Leidens sei. »Anhaften«, »Upadana« auf Sanskrit, bezeichnet ein gewolltes oder ungewolltes Festhalten. An der eigenen Jugend, an Idealen, an Status oder Reichtum, an Überzeugungen. Nach der buddhistischen Lehre gibt es so etwas wie ein festes Selbst gar nicht. Doch so weit muss man nicht gehen, um von Heraklits Worten zu profitieren.

Wichtig scheint mir vor allem, sie mit Sanftheit zu goutieren. Es geht nicht um »Stell dich nicht so an, das geht schon wieder weg!« Sondern um die Akzeptanz von Verlust. So wie heute wird es nie wieder sein. Es gibt nur den gegenwärtigen Moment. Das sind Klischees, na klar, und nicht ohne Grund.

Aber die Sätze sind wahr. Und doch ist es so verflixt schwer, etwas mit ihnen anzufangen.

Mir hat die Tatsache, dass »alles fließt« und ich »nicht zweimal in denselben Fluss steigen« kann, in zweierlei Hinsicht geholfen. Erstens, wenn ich etwas doof finde, versuche ich mir zu vergegenwärtigen: Ja, jetzt ist es doof, aber morgen oder nächste Woche mit Glück nicht mehr ganz so. Vor allem: Emotionen sind fluide, ich kann grundlegend traurig sein und trotzdem zwischendrin lachen. Das ist okay. Zweitens, wenn ich auf ein schönes Erlebnis hinarbeite, ein tolles Konzert, ein Date, einen Urlaub, eine Buchveröffentlichung, versuche ich, meine Hoffnung und Euphorie im Zaum zu halten. Ich kann vorab nicht wissen, wie es kommen wird. Vielleicht ganz toll. Es gibt keinen Grund für Zweckpessimismus. Vielleicht auch nur mitteltoll, und vielleicht wird es schlimm.

Zum Beispiel habe ich mal zu einem Hochzeitstag Tickets für ein Konzert beim Montreux Jazz Festival gekauft, und dann hat es dort geregnet, ich wurde krank, und das Konzert war Vollplayback. Überhaupt nicht so schön wie frühere Besuche auf dem Festival.

Tja. Lässt sich nicht ändern. Aber es gibt ein Vorher und ein Hinterher. Die Enttäuschung geht wieder weg.

So wie die Freude. Wenn ich mir wünsche, dass ein schöner Abend bei Freunden niemals enden möge, oder wenn ich hoffe, dass der nächste Text genauso toll wird wie dieser, dann habe ich darauf relativ wenig Einfluss. Ich kann es hoffen und mein Bestes geben. Und dann wird man sehen.

Anfangs dachte ich, wenn man an nichts hängt, kann man sich auch für nichts begeistern. Denn das Ziel schien mir dann zu sein, eine innere Distanz zu erreichen, bei der nie etwas auf dem Spiel steht. So sehe ich das inzwischen nicht mehr. Das Jetzt ist, wie es ist. Wenn es mir gefällt, super. Wenn es mir nicht gefällt, dann ist das schade. So oder so ist es nachher oder morgen anders. Wobei es auch dann noch schön oder unschön sein kann. Es ist nur nicht mehr jetzt. Ich lasse mit einer größeren Weichheit zu, dass sich Dinge verändern, dass Lokale schließen und Freundschaften an Intensität zu- oder abnehmen. Eigentlich sagt Heraklit nur: Du kannst die Welt nicht anhalten. Das zu glauben wäre Größenwahn.

Im Alltag rutscht mir dieser Wunsch natürlich immer wieder rein. Aber ich kann ihn nun öfter erkennen und darüber lächeln.

So lässt mich Heraklits scheinbare Binsenweisheit mit dem Leben flexibler, tänzerischer umgehen. Und wenn es jetzt gerade schön ist im Fluss, überlege ich nicht mehr als Erstes, wann ich wiederkommen kann. Sondern konzentriere mich so gut ich kann auf die Gegenwart.

WAS DIESER SATZ IHNEN SCHENKT:

Flexibilität. Freiheit. Absichtslosigkeit. Hoffnung.

23.

»Woher weiß ich, dass ich etwas weiß?«

(EDMUND GETTIER)

»Hab ich doch gleich gesagt!«, sagt der Besserwisser gerne hinterher.

Aber stimmt das wirklich?

Ein Freund von mir ist Zweckpessimist. Bei jeder Überlegung listet er enzyklopädisch alle nur denkbaren Probleme auf. Und wenn dann hinterher eins eintritt? Dann hat er es natürlich vorher schon gewusst.

Aber ist das wirklich Wissen?

Und wenn ich mich in einer fremden Stadt verlaufe, entnervt um die nächste Ecke biege – und da ist unser Hotel! Habe ich dann den richtigen Weg gefunden?

Mit anderen Worten: Kann man zufällig recht haben?

Damit beschäftigte sich der US-amerikanische Philosoph Edmund Gettier 1967 in einem sehr kurzen (drei Seiten) Paper. Zuvor war die allgemein anerkannte Definition von Wissen: eine gerechtfertigte wahre Überzeugung. Ich muss also a) selbst daran glauben (Überzeugung), es muss b) stimmen (»wahr«), und ich muss c) aus guten Gründen dieser Ansicht sein und nicht einfach nur per Zufall (»gerechtfertigt«). Das klingt ja auch erst mal schlüssig: Wenn etwas stimmt, wenn ich verstehe, warum es stimmt, und wenn ich glaube, dass es so ist, dann »weiß« ich es. Okay.

Und nun kam Gettier und präsentierte seine logischen Taschenspielertricks. Er nutzt dazu zwei leicht nachvollziehbare Regeln.

- Erstens: Wenn man an eine wahre Aussage eine beliebige andere Aussage mit einem »oder« anhängt, bleibt der Gesamtsatz wahr. Gilt »Der Himmel ist blau«, dann gilt auch »Der Himmel ist blau ODER ich habe meinen Schlüssel verloren«.
- Zweitens: Wenn ich eine wahre Aussage verallgemeinere, bleibt sie wahr. Gilt: Ich besitze ein Pferd, dann gilt auch: Ich besitze ein Säugetier.

Gettiers erstes Beispiel bestand nun darin, sich Folgendes vorzustellen: Zwei Männer bewerben sich auf eine Stelle. (Im ganzen Paper kommen nur Männer vor. Diversität war 1967 noch nicht angesagt. Das ist meine gerechtfertigte wahre Überzeugung. Aber das nur am Rande.) Der eine glaubt, der andere bekomme die Position. Und er tut dies aus guten Gründen. Vielleicht hat ein weiterer Mitarbeiter ihm gesagt, dass die Entscheidung bereits gefallen sei.

Er hat zudem gesehen, wie der Konkurrent zehn Münzen in seine Tasche gesteckt hat. (Das scheint ein wenig weit hergeholt. Es ist aber egal, was der Mann in die Tasche steckt. Es könnte auch eine Visitenkarte sein oder ein Handy.)

Der Mann glaubt also zu wissen, dass derjenige, der die Stelle bekommt, zehn Münzen in der Tasche stecken hat.

Und nun kommt der Twist: Er selbst hat zufälligerweise auch genau zehn Münzen (oder eine Visitenkarte oder ein Handy) in der Tasche. Und er bekommt wider Erwarten den Job.

Damit wird seine Aussage bestätigt: Derjenige, der den Job bekommt, hat zehn Münzen in der Tasche. Aber die Begründung ist im Eimer.

Das kann doch wohl kein »Wissen« sein.

Im zweiten Beispiel beschreibt Gettier einen weiteren Mann, der den Anschein erweckt, einen Mercedes zu besitzen. Er fährt damit herum, nimmt andere mit, es sieht einfach so aus. Wenn dieser Mann sich nun mit einem zweiten Mann in einem Raum befindet, könnte man sagen: Einer der Männer im Raum besitzt einen Mercedes.

Hat nun der erste Mann den Mercedes nur geliehen (das heißt, die ursprüngliche Annahme ist unwahr und kann daher kein »Wissen« darstellen), so kann trotzdem der zweite Mann stolzer Besitzer eines solchen Wagens sein. Und damit ist die allgemeinere Aussage wahr, aber die ursprüngliche Begründung dafür ist falsch, also nicht gerechtfertigt.

Das bedeutet: Die Aussage ist nur *zufällig* wahr. Und es kann doch wohl kein »Wissen« sein, wenn man nur zufällig etwas Richtiges sagt, das genauso gut hätte falsch sein können.

Wumm. Das schlug ein wie eine Bombe. Zugegeben, die Beispiele sind ein bisschen weit hergeholt. Aber sie erklären doch ein gewisses Unwohlsein, das wir manchmal verspüren, wenn Leute das Richtige aus den falschen Gründen sagen. Oder das Falsche aus den richtigen Gründen. Oder etwas Richtiges, aber man weiß überhaupt nicht, wie das passieren konnte.

Oder die unter Heilpraktikern und ihren Fans beliebte Formulierung: »Wer heilt, hat recht.« Ja, jemand ist gesund geworden, das mag stimmen. Aber lag es daran, dass jemand »recht hatte«, so wie wir den Begriff verstehen? Nein, eben nicht. Es lag daran, dass jemand *zufällig* richtiglag. Aber ist es das *wissenschaftliche* »recht haben« im Sinne der Beweis- und Reproduzierbarkeit? Nein, eben nicht!

Schon Eubulides (4. Jahrhundert v. Chr.) deutete in seinen Paradoxien diese Problematik an: »Ein Mann mit Maske betritt den Raum. Du weißt nicht, wer es ist. Es ist dein Bruder. Also weißt du nicht, wer dein Bruder ist.«

Man stolpert, kann aber nicht recht den Finger drauf legen. Doch die Konstruktion ist ähnlich wie bei Gettier: Durch einen merkwürdigen Zufall »wissen« wir etwas beziehungsweise wissen es in diesem Fall nicht. Hier liegt der Schwerpunkt allerdings deutlicher noch auf der unterschiedlichen Verwendung des Wortes »wissen«. Wenn ich nicht »weiß«, wer der maskierte Mann ist, meinen wir damit etwas anderes, als wenn ich »weiß«, wer mein Bruder ist.

Trotzdem wird auch hier klar: So ganz genau wissen wir nicht, was Wissen ist.

Vor allem aber ist der Schaden, den Gettier der Definition von Wissen Ende der Sechzigerjahre zugefügt hat, noch nicht repariert worden. Was genau »Wissen« ist, wenn nicht »wahr, gerechtfertigt und man glaubt auch selbst dran«, wird seither diskutiert. Und »Mit gesundem Menschenverstand und ein wenig gutem Willen sieht man's doch« ist dann doch ein wenig zu unpräzise für eine allgemeingültige Definition.

Das ist der wirkliche Take-away aus dieser durchaus spitzfindigen Betrachtung. Menschen können auch zufällig recht haben. Das heißt aber noch lange nicht, dass sie es vorher »wussten«.

Sie mögen es »gleich gesagt« haben. Aber Wissen ist was anderes.

WAS DIESER SATZ IHNEN SCHENKT:

Toleranz. Weniger Rechthaberei. Eine Argumentationshilfe.

24.
»Wir können nicht wissen, wie es ist, eine Fledermaus zu sein.«
(THOMAS NAGEL)

»Ich weiß genau, wie du dich fühlst!« Das ist schnell gesagt und gut gemeint. Aber es stimmt nicht.

Und auch wenn wir Annahmen darüber anstellen, was irgendwem schwer- oder leichtfallen könnte, welches Geschenk das richtige ist, was ein bestimmtes Verhalten oder eine uneindeutige Textnachricht uns sagen sollen, überschätzen wir oft unser Einfühlungsvermögen.

Dabei ist die Logik eigentlich naheliegend: Mir ist heiß, dir ist heiß, das wird sich ja wohl ähnlich anfühlen.

Aber ist das wirklich so? Wir können uns zwar darauf einigen, eine bestimmte Art Farbe als grün, blau oder rot zu bezeichnen. Aber ist unsere Sinneswahrnehmung wirklich ähnlich? Wir wissen es nicht.

Das illustrierte der US-Philosoph Thomas Nagel 1974 in einem kurzen Aufsatz. Er gilt als eine der einflussreichsten philosophischen Arbeiten der Neuzeit.

Mit der Fledermaus wählte Nagel ein besonders cleveres und beeindruckendes Beispiel. Sie ist als Säugetier einigermaßen nah mit uns verwandt. Nagel sagt: »Ich nehme an: Wir alle glauben, dass Fledermäuse Erlebnisse haben. (…) Es gibt keinen größeren Zweifel daran, dass sie Erlebnisse haben, als daran, dass Mäuse, Tauben oder Wale Erlebnisse haben.«

Erlebnisse meint hier einfach nur: dass sie die Welt auf eine irgendwie geartete Weise erleben.

Davon muss man ausgehen, zumal Fledermäuse ja ganz eindeutig auf ihre Umwelt reagieren können. Sie nehmen die Außenwelt in erster Linie mithilfe eines Sonars wahr: Sie stoßen Ultraschallwellen aus, die zurückgeworfen werden und es ihnen ermöglichen, im Flug zu navigieren.

Klar ist, »dass es irgendwie ist, eine Fledermaus zu sein«, so Nagel.

Aber wie?

Menschen können sich nicht vorstellen, wie es (wirklich) ist, eine Fledermaus zu sein, die Echolotortung betreibt. Wir können mit den Armen wedeln und spitze Schreie ausstoßen, aber das bringt uns der Sache nicht ernsthaft näher. Wir können auch alle möglichen Annahmen darüber treffen, wie es sein könnte, eine Fledermaus zu sein. Aber wir können es nicht wissen.

Dieser Schluss ist einerseits so simpel. Andererseits ist er sehr weitreichend.

Nagel beweist: Das Erleben ist auf eine entscheidende Weise subjektiv. Es lässt sich weder objektiv erfassen noch beschreiben, wie es ist, eine Fledermaus zu sein.

Die Tatsache, dass Erlebnisse subjektiv sind, ist eine

essenzielle Erkenntnis über Erlebnisse an sich. Mit anderen Worten: Jedes Erleben ist zwangsläufig subjektiv.

Es könnte sein, dass es sich für mich und für einen anderen Menschen sehr ähnlich anfühlt, sich in den Finger zu schneiden oder in einen Apfel zu beißen. Aber: Wir wissen es nicht. Es könnte auch sein, dass es sich sehr verschieden anfühlt.

Toll, und nun?

Ich finde die Fledermaus-Story an drei Stellen hilfreich. Erstens neigen wir alle (die meisten von uns, oder jedenfalls ich) doch dazu, aus den eigenen Erfahrungen und dem eigenen Erleben zu extrapolieren. Ist mir zu heiß, dann ist es »heiß«. Ist mir etwas zu schwierig, ist es »unzumutbar«. Fällt mir etwas leicht, »kann das jede*r«. Und so weiter. Das habe ich mir versucht abzugewöhnen, nachdem ich Nagels Text gelesen habe.

Ich werte mein Erleben jetzt als eine mögliche Einschätzung der Situation. Andere sehen es vielleicht ähnlich oder auch ganz anders. Ergebnis: mehr Fragen, weniger Annahmen.

Zweitens: In der Interaktion mit anderen werten wir (also: die meisten von uns, oder jedenfalls ich) doch ständig. Jemand ist klug, geschickt, fleißig, faul, dämlich, nervig. Aber diese Einschätzungen gehen zurück auf den Vergleich mit dem eigenen Erleben (siehe Punkt eins). Also: Wie würde *ich* die Situation erleben? Aber jede Fledermaus – und jeder Mensch – erlebt das Leben anders!

Und manchmal versuchen wir aus guten Gründen, uns in andere Personen hineinzuversetzen. Weil jemand uns um Rat fragt. Weil wir ein passendes Geschenk aussuchen möchten. Hier mache ich mir mittlerweile stets bewusst, dass ich nicht wissen kann, wie es ist, eine Fledermaus zu sein. Oder die andere Person. Deshalb gebe ich mir viel mehr Mühe, eine *begründete* Annahme zu entwickeln. Und nicht einfach nur (siehe Punkte eins und zwei) von mir auf andere zu schließen.

Nagels Aufsatz hat mich toleranter werden lassen mit Menschen, die in einem anderen Tempo arbeiten als ich, die länger nachdenken, die andere musikalische Vorlieben haben. Er hat mir bewusst gemacht, dass vielleicht auch Leid und Schmerz von Person zu Person unterschiedlich empfunden werden. Zugegeben, es könnte sein, dass ich deshalb nun »zu weich« bin, zu »tolerant«. Ich verstehe das Argument. Und auf der Grundlage meiner eigenen subjektiven Wahrnehmung und Wertung sage ich immer noch manchmal: So nicht.

Aber ich bin offener dafür geworden, dass es auch so sein könnte, wie jemand anders sagt. Zumindest subjektiv für die Person.

Denn wenn wir nicht wissen können, wie es ist, eine Fledermaus zu sein, dann können wir auch nicht wissen, wie es ist, der Bundeskanzler, die Ärztin oder der Busfahrer zu sein. Oder die Partnerin, der Partner, die beste Freundin, das Kind.

Im Grunde macht Nagels Erkenntnis erst mal einsam: Bestenfalls kann ich mein eigenes Erleben als einigermaßen verbindlich zur Kenntnis nehmen. (Solche Erlebnisgehalte werden in der Philosophie als »Qualia« bezeichnet, vom lateinischen »qualis« = »wie beschaffen«.) Sie macht aber auch weicher: Solange ich keinen Grund zu der Annahme habe, dass sich jemand drückt oder mich übervorteilt, glaube ich jetzt einfach, was mir andere über ihren aktuellen Zustand sagen. Meine Erfahrung ist, dass das viel Stress durch Fehlinterpretationen spart – und dass die Gegenüber es sympathisch finden.

Für eine aktuelle Thematik scheint mir Nagels Betrachtung ebenfalls relevant. Jetzt und in den kommenden Jahren und Jahrzehnten werden wir uns mit »Künstlicher Intelligenz« (KI) auseinandersetzen müssen. Für sie gilt erst recht: Wir können nicht wissen, wie es ist, eine KI zu sein. Diese Aussage meint aber eigentlich etwas anderes. Nämlich: Wir können nicht wissen, wie eine KI intern funktioniert. Das ist das Wesen der eigenständig lernenden Strukturen. Im Gegensatz zur Fledermaus gibt es aber nicht unbedingt Grund zu der Annahme, dass es irgendwie »ist«, eine KI zu sein.

Eine Fledermaus, davon gehen Nagel und wir aus, kann Erlebnisse haben. Sie »spürt« die Welt auf irgendeine umfassende Art und Weise.

Eine KI interagiert ebenfalls mit der Welt. Sie kann diese auf irgendeine Weise wahrnehmen und aus den eingespeisten oder erhobenen Messwerten Ergebnisse berechnen. Und doch meinen wir mit »wahrnehmen« und »sein« unterschiedliche Dinge. Genauso wie mit »Intelligenz«.

So könnte uns die Fledermaus-Analogie auch dabei helfen zu erfassen, dass die Innerlichkeit von KI uns auf eine andere Art immer fremd bleiben muss. Insofern ist es nicht zielführend, sie besser verstehen zu wollen, sondern es ist sinnvoller, besser mit ihr umgehen zu wollen.

WAS DIESER SATZ IHNEN SCHENKT:
Toleranz. Einfühlungsvermögen.

25.
»Die Annahme, menschliches Leben sei heilig, ist einfach mittelalterlich.«
(PETER SINGER)

Vegan, glutenfrei, laktosefrei – wenn Gäste kommen, koche ich nicht mehr einfach, wonach mir gerade der Sinn steht. Sondern ich verschicke vorher eine kleine Umfrage. Je mehr Personen, desto mehr Einschränkungen. Manchmal, so formulierte es ein Freund überspitzt, »kann man nur noch einen Apfel und Mineralwasser« anbieten.

Daran ist Peter Singer nicht ganz unschuldig. Der australische Philosoph (* 1946) wurde 1975 bekannt mit dem Tierrechts-Werk *Die Befreiung der Tiere*. Stark vereinfacht sagt er darin sowie im Folgeband *Praktische Ethik*: Dieses ganze Gerede von der Krone der Schöpfung ist doch Quatsch, auch Tiere können leiden und möchten leben. Es gibt also gar keinen Anlass dafür, sie aus moralischen Gründen töten zu dürfen. Und sie dafür auch noch unter schrecklichen Bedingungen zu halten.

Aus der Tatsache, dass wir faktisch Tiere töten können, lässt sich ein solches Recht nicht ableiten. Dann wäre es ja auch »richtig«, wenn ein Löwe einen Menschen frisst.

Ebenso wenig kommen wir mit dem Argument weiter, dass wir ja nun schon so lange Tiere töten, um sie zu essen, also eine Art Gewohnheitsrecht bestehe. Frauen hatten auch jahrhundertelang kaum Rechte, und ist das korrekt? Nein!

Singer geht sogar so weit, all jenen Lebewesen den Status einer »Person« zuzuschreiben, die sich ihrer selbst im Verlauf der Zeit bewusst sind. Das gilt sicherlich für die intelligenten Affen, aber möglicherweise sogar für einige Vogelarten. Bevorzugung aufgrund der Zugehörigkeit zu einer bestimmten Art bezeichnet er als »Speziezismus«.

Letztlich führt das dazu, dass Singer die Rechte einer gesunden Maus höher gewichtet als die eines Komapatienten, für den keine Aussicht auf Besserung besteht. Einfach weil die Maus noch mehr vorhat im Leben.

Allerdings sind Singer und seine Positionen höchst umstritten. Nicht nur die zum Fleischverzehr und den Personenrechten. Er hat nämlich auch den »effektiven Altruismus« begründet. Denn Singer sagt: Solange irgendwo auf der Welt Wesen leiden, sind diejenigen, die weniger leiden, dazu verpflichtet, zu helfen. Wenn wir an einem Teich vorbeigehen, in dem ein Kind ertrinkt, würden wir es retten. Und wir wären dazu auch moralisch verpflichtet. Warum wäre ein Kind anderswo auf der Welt weniger rettenswert?

Der Witz ist nun, dass Singer der Ansicht ist, jeder solle so effektiv helfen wie möglich. Und in den meisten Fällen ist es nicht besonders effektiv, den Job zu kündigen und um die Welt zu spazieren auf der Suche nach Kindern, die gerade vor dem Ertrinken gerettet werden müssen.

Viel größer ist der Hebel, wenn ich einen gut bezahlten Job ausübe und maximal viel Geld an zertifizierte Hilfsorganisationen spende. So wie Bill Gates oder Warren Buffett.

Das führt dann allerdings dazu, dass Menschen, die beruflich gut dafür bezahlt werden, globale Schäden anzurichten (durch den Verbrauch fossiler Energien, durch Fast Fashion, durch zwielichtige Finanzgeschäfte), sich von dieser Verantwortung durch hohe Spenden quasi freikaufen können. Mir leuchtet das nicht recht ein.

Aber auch wenn man Singers Positionen nicht komplett mitgeht, sind seine Einwände doch relevant.

Sind wir wirklich so viel »bessere« Wesen (was immer das bedeuten mag) als andere Tiere, dass wir mit diesen einfach machen können, was wir wollen? Ich esse immer noch Fleisch, aber deutlich weniger und aus deutlich besseren Haltungsformen. Ein Discounterwürstchen aus der Massentierhaltung bringt niemand mehr runter, der Singers Gedanken einmal nachvollzogen hat. Der Philosoph selbst wäre mit meiner graduellen Haltung – besser weniger Tiere und bessere Haltung als gar keine Veränderung – meines Wissens übrigens nicht zufrieden. Er spricht sich für eine prinzipientreue Position aus.

Ebenso kann ich mich nicht dazu durchringen, bis zur eigenen Armutsgrenze zu spenden. Aber Singer hat mich schon dazu bewegt, mich deutlich mehr für Veränderungen zum Guten zu engagieren, statt weiter zu ignorieren, was ich nicht sehen kann. Auch hier wieder wäre er wahrscheinlich nicht glücklich mit meiner halb garen Haltung, aber ich bin es.

Die Beschäftigung mit Singers Positionen hat auch dazu beigetragen, dass ich deren in Alltagsdiskussionen vereinfachte Form gutwilliger mitgehe. »Ich möchte nicht, dass Tiere für mich sterben« übersetze ich für mich in: »Tiere sind schmerzempfindlich, leidensfähig und lebenswillig, man sollte sie nicht ›einfach so‹ töten oder ihnen Schmerzen zufügen dürfen.« Und aus »Uns geht es gut, aber an vielen Orten der Welt herrschen elende Zustände« wird für mich: »Überleg dir, auf welche Weise du auch in der Ferne etwas zum Guten verändern kannst – und schieb es an, wenn möglich.«

Kurz: Singer hat mich selbstkritischer und weniger bequem werden lassen. Das fühlt sich, ehrlich gesagt, nicht so besonders toll an. Aber ehrlicher.

WAS DIESER SATZ IHNEN SCHENKT:

Ehrlichkeit. Hilfsbereitschaft. Demut.

26.
»Die einfachste Lösung ist immer die richtige.«
(WILHELM VON OCKHAM)

Kennen wir alle: Gestern darüber gesprochen, wer was fürs Abendessen einkauft. Und heute morgen noch mal. Aber was ist passiert? Die Partnerin oder der Partner kehrt mit leeren Händen zurück. Nie ist Verlass auf sie oder ihn. Wir sind jetzt nicht nur hungrig und durstig, sondern verletzt und traurig.

Das Leben ist kompliziert. Und wir suchen immer nach Zusammenhängen und Erklärungen, nach Gründen und Ursachen.

Manchmal basteln wir uns sehr komplexe Begründungen. So können in Einzelfällen sogar Verschwörungstheorien entstehen.

In vielen Ärzte- und Spurensicherungs-TV-Serien wird bei der Suche nach der Wahrheit früher oder später auf »Ockhams Rasiermesser« verwiesen. Es gibt zwei weitverbreitete Versionen: Die einfache Lösung ist die beste. Und: Die einfachste Erklärung ist die richtige.

Im englischen Sprachraum ist das eine bekannte Redewendung: »If it looks like a duck, swims like a duck, and quacks like a duck, then it probably is a duck.« Auf deutsch lautet der Ententest: »Wenn es aussieht wie eine Ente, schwimmt wie eine Ente und quakt wie eine Ente, dann ist es wahrscheinlich eine Ente.«

Die Denkfigur wird entweder bemüht, um zu begründen, dass eine auf der Hand liegende Vorgehensweise oder Erklärung doch offensichtlich auch die richtige sein muss. Oder es soll im Gegenteil gezeigt werden, dass alle anderen zwar einfältigerweise davon ausgehen, der offensichtliche Schluss sei korrekt, aber ein besonders smarter TV-Arzt oder -Ermittler kommt darauf, dass die vollkommen überkomplexe Begründung die einzig richtige ist.

Grundsätzlich ist gegen eine Faustregel nach dem ironischen Motto »Warum einfach, wenn's auch kompliziert geht?« nichts einzuwenden. Allerdings besagt Ockhams Rasiermesser in der Formulierung des Franziskanermönchs etwas nuanciert anderes: »Entia non sunt multiplicanda praeter necessitatem« (deutsch: »Entitäten dürfen nicht über das Notwendige hinaus vermehrt werden), so hat er es ausgedrückt. Heißt: »Nichts darf man ohne eigene Begründung annehmen, es sei denn es sei evident oder aufgrund von Erfahrung gewusst oder durch die Autorität der Heiligen Schrift gesichert.« Oder eben einfacher gesagt: Wenn es zwei gleich gute Erklärungen für einen Sachverhalt gibt, dann sollten wir die voraussetzungsärmere glauben. Die andere wird gedanklich wegrasiert.

Damit traf Ockham lediglich eine Aussage über Wahrscheinlichkeiten. Seine Behauptung sagt nichts aus über die tatsächliche Richtigkeit von Annahmen.

Wie so viele Philosophen versuchte auch Ockham zu klären, was es gibt und was nicht. Er ging von drei Erkenntnisquellen aus: Selbstevidenz, empirische Evidenz und biblische Offenbarung. Heute bleiben davon im Regelfall nur noch die ersten beiden übrig. Selbstevident ist etwas, das für alle offensichtlich und selbstverständlich wahr ist. Das gilt beispielsweise für (einfache) mathematische Aussagen wie »Die Summe von zwei geraden Zahlen ist ebenfalls immer eine gerade Zahl«. Darüber hinaus gibt es in der Philosophie sowie auch im Normalbetrieb des Lebens wenig Einigkeit, was nun offensichtlich wahr ist oder nicht.

Empirische Evidenz sind die Dinge, die wir beobachten können.

Ockham war der Ansicht, wir sollten nur dann annehmen, dass etwas existiert, wenn es auf eine der drei oben genannten Grundlagen zurückzuführen ist (offensichtlich, beobachtbar, Gott). Gelingt das nicht, sollte man davon ausgehen, dass es diese Sache nicht gibt. Das heißt allerdings eben nicht, dass sie sicher nicht existiert. Ockham fand, dass wir uns solchen Vorstellungen gegenüber »neutral« verhalten sollten: kann sein, kann auch nicht sein. Im Grunde nahm er damit argumentativ die Laienversion von Schrödingers Katze vorweg: Die Katze ist zugleich tot und nicht tot, wir wissen es nicht.

Relevant ist diese Denkfigur vor allem, um nutzlose argumentative »Add-ons« loszuwerden. So behaupten zum

Beispiel abgewählte Politiker oft, sie seien einem Komplott zum Opfer gefallen, die Wahl sei manipuliert worden, die Medien hätten sich gegen sie verbündet. Alles unbeweisbar – und voraussetzungsreicher (= komplizierter) als die Annahme, die Wähler hätten einfach lieber jemand anderen gewählt.

Bei Unglücksfällen, Schicksalsschlägen, Krankheiten und anderen Ärgernissen tut es gut, sich lösen zu können von dem frustrierenden »Warum passiert das immer ausgerechnet mir? Allen anderen geht es gut, nur ich habe nichts als Pech!« Dabei bekommen wir die schlechten Zeiten anderer oft einfach nicht oder nur teilweise mit. Die wahrscheinlichste Erklärung für irgendeinen Mist, der uns passiert, ist nicht eine Weltverschwörung, Echsenmenschen oder ein gegen uns gerichtetes Universum. Sondern einfach: Jede und jeder hat mal Pech.

Ockham bezog sich mit seiner Überlegung auf die Existenz beziehungsweise die Beschaffenheit von Dingen, nicht auf die Begründung von Verhaltensweisen. Doch gerade in diesem Bereich hat seine Erkenntnis großen Nutzen. Wenn der Lebenspartner vergessen hat, Milch zu kaufen, beispielsweise (oder seine Socken immer rumliegen lässt. Oder eine missverständliche Textnachricht geschickt hat). Die aufwendige Erklärung ist, dass sie oder er das absichtlich gemacht hat, um mich zu ärgern oder zu demütigen. Sie will eigentlich gar nicht in der Beziehung mit mir sein, bleibt aber, um mich fertigzumachen! Wenn er mich lieben würde, hätte er sich anders verhalten – die Milch gekauft, die Socken weggeräumt, ein Herz-Emoji verwendet! In diese Gefühle können wir uns schnell hineinsteigern. Vor allem, wenn wir sowieso gerade Stress haben, Streit hatten, bedürftig sind.

Doch die einfachere Erklärung ist: Unser Lebenspartner ist auch nur ein Mensch und hat's ganz schlicht vergessen. Das ist vielleicht ärgerlich und nervt, aber es ist weitaus wahrscheinlicher. Und der gute alte Ockham kann uns dabei helfen, die Ruhe zu bewahren und die Kirche im Dorf zu lassen.

WAS DIESER SATZ IHNEN SCHENKT:

Eine nützliche Faustregel.

27.
»Mehr ist nicht immer besser.«
(JOHN TAUREK)

Acht Kugeln Eis sind doch wohl eindeutig besser als zwei Hot Dogs.

1000 Euro sind besser als 100 Euro.

Zwei Menschen vor schweren Verletzungen zu retten ist besser als nur einen.

All das mag man mehr oder weniger plausibel finden.

Das Retten von Menschenleben ist eine in der Philosophie beliebte Denkfigur. Quantitative Überlegungen dazu sind mit der Entwicklung von selbstfahrenden Autos überraschend relevant geworden.

Stellen wir uns vor: Ein selbstfahrendes Auto gerät auf nasser Fahrbahn ins Schlingern. Es wird entweder zwei Personen überfahren – oder nur eine. Sollte das Auto so programmiert werden, dass es im Zweifel immer die geringere Anzahl Menschen ins Jenseits befördert?

Ändert sich die Sichtweise, wenn es zwischen einer und vier Personen entscheiden soll?

Was ist, wenn es um die Rettung Tausender geht?

Erst vor wenigen Jahren war eine solche Situation topaktuell. Als die Corona-Impfstoffe erfunden wurden, herrschte anfangs Mangel. Weil manche Länder mehr zahlen konnten als andere (oder geschickter verhandelten), bekamen sie mehr Impfstoff – der dann teilweise mangels Nachfrage durch die Bevölkerung ablief und entsorgt werden musste.

Oder nehmen wir einmal an, Sie wollen Geld spenden, um etwas Gutes zu tun. Spenden Sie an einen Verein, der deutsche Kinder unterstützt, werden Sie weniger Kindern helfen, als wenn der Verein in Afrika aktiv ist.

Wäre es nicht logisch, im Zweifel immer möglichst vielen Menschen helfen zu wollen? Mit anderen Worten: »Zählt die Zahl?« Das fragt ein umstrittener Artikel des US-amerikanischen Philosophen John Taurek. Ihn überzeugt der reine Mengenvergleich nicht.

Wenn wir die Möglichkeit hätten, entweder einen Freund zu retten – vor was auch immer – oder zwei Fremde, dann könne es doch nicht falsch sein, den Freund vorzuziehen.

Spätestens wenn Familie ins Spiel kommt, werden die meisten von uns in dieser Hinsicht ins Wanken kommen. Braucht das eigene Kind Nachhilfe, Lernförderung, Tennisunterricht und ein eigenes Pferd? Wäre es nicht viel richtiger, mit dem gleichen Geldeinsatz mehreren Kindern zu helfen, die jeweils weniger Unterstützung benötigen?

Mit anderen Worten: Dürfen wir aus subjektiven Gründen Personen bevorzugen?

Taurek sagt: Ja, klar. Das tun wir doch dauernd – und es ist auch okay.

Sicher nicht in jeder Situation. Vor dem Gesetz zum

Beispiel müssen natürlich alle gleich bleiben. Darum geht es nicht.

Aber im Alltag gibt es immer wieder Situationen, in denen wir versuchen, das Ergebnis ein bisschen zugunsten unserer Freunde oder Verwandten zu lenken. Und uns dafür die absurdesten Begründungen zurechtlegen. Das muss nicht sein. Besser wäre es, zu dieser Einstellung zu stehen. Die eine Person steht mir näher als andere, ich mag sie oder ihn einfach lieber. Ja, das ist blöd für die anderen. Aber es ist normal und menschlich. Taurek betont, dass es schlicht keine unpersönliche Perspektive gäbe, aus der wir unser Handeln beurteilen könnten. Einfach weil wir immer wir selbst – also eine Person – sind.

Wenn man das so empfinden und sagen darf, wird es möglich, zu reflektieren: Befinden wir uns in einer Situation, in der Unparteilichkeit angemessen ist? Oder nicht?

Dass wir tatsächlich nicht so ticken, wie die strengen Konsequenzialisten es fordern, zeigt sich ja schon darin, dass beispielsweise Lehrer im Idealfall nicht die eigenen Kinder unterrichten (und benoten) und Richter nicht über Freunde oder Verwandte urteilen dürfen. Lebenspraktisch wissen wir ganz genau, dass nicht nur die Anzahl der Betroffenen zählt. Es ist besser, das vor sich und anderen zugeben zu können. Denn nur dann kommen wir weg von den Ausreden und können darüber diskutieren, was angemessen und richtig ist.

WAS DIESER SATZ IHNEN SCHENKT:

Entscheidungsfreiheit. Erlaubnis zur Subjektivität. Gewichtungskriterien.

28.
»Handlungen sind richtig, wenn sie Glück maximieren, und falsch, wenn sie das Gegenteil von Glück produzieren.«
(JOHN STUART MILL)

Im Jahr 2005 wurde der ehemalige CDU-Generalsekretär Heiner Geißler Mitglied des globalisierungskritischen Netzwerkes Attac. Das sorgte damals für Verwunderung.

Heute wird der gnadenlose weltweite »Raubtierkapitalismus« von vielen kritisiert. Firmen bauen Arbeitsplätze ab und lassen Menschen unter entsetzlichen Bedingungen schuften – alles im Namen der Aktionäre.

Zahlreiche Enthüllungen zeigen, wie skrupellos viele der reichsten Menschen der Welt agieren. Zudem verursachen sie unvorstellbare Klimaschäden: Ein Milliardär ist so klimaschädlich wie eine Million Menschen, das reichste Prozent der Menschen weltweit schädigt das Klima doppelt so stark wie die gesamte ärmere Hälfte der Weltbevölkerung.

Wie ist das möglich?

Es liegt am Utilitarismus. Er bildet den argumentativen Gegenentwurf zur Gesinnungsethik. Viele Philosophen, beispielsweise Immanuel Kant, waren der Ansicht, Menschen müssten auf ihre innere Stimme hören und das tun, was ihnen wirklich richtig erscheint. Die Logik dahinter: Wenn alle sich richtig verhalten, kann nichts schiefgehen.

Der Brite Jeremy Bentham sah das anders. Im 19. Jahrhundert entwickelte er den sogenannten Utilitarismus. Der beurteilt Handlungen nicht nach ihrer Absicht, sondern nach ihrem Ergebnis – dem Nutzen (lateinisch: »utilitas« = »Brauchbarkeit, Nützlichkeit«). Sein Zeitgenosse John Stuart Mill entwickelte die Theorie weiter und machte sie bekannt. Bentham und Mill gingen davon aus, das oberste Ziel aller Menschen sei »Glück«.

Grundsätzlich erscheint die utilitaristische Denkweise einleuchtend und alltagstauglich. Wenn eine Handlung die Situation verbessert (»das Glück mehrt«), ist sie als positiv anzusehen. Verschlechtert sie die Situation (»produziert das Gegenteil von Glück«), ist sie als negativ oder falsch zu beurteilen. Und sollte unterlassen werden.

Doch es ergeben sich mehrere Probleme. Erstens: Was tun, wenn es mich glücklich(er) machen würde, ein Schläfchen im Garten zu halten, mein Kind aber glücklich(er) wäre, wenn wir in den Zoo gingen? Bentham und Mills sagen: Mehr Glück ist besser. Aber wie soll man denn mein potenzielles Glück gegen das einer anderen Person abwägen?

Noch schwieriger wird die Geschichte dadurch, dass Bentham und Mill der Ansicht sind, Glück sei additiv. Stellen wir uns mal ein Brettspiel vor, in dem es Glückstaler gibt. Wenn vier Spieler je zehn Glückstaler hätten, sind das insgesamt 40. Hätte ein Spieler hingegen 50 Glückstaler und die anderen keine, wären das insgesamt 50 – also *mehr.* Und *mehr*, da sind wir wieder beim Turbokapitalismus und den Aktionären, ist besser.

Häufig wird zudem finanzieller Gewinn mit Glück oder zumindest dem Potenzial zum Glück gleichgesetzt. Vereinfacht gesagt: Wer reicher ist, kann sich mehr leisten, und das macht glücklich.

Bentham und Mill setzen einfach voraus, dass alle Menschen nur ein Ziel haben: Glück. Und sie setzen voraus, dass dieses Glück vergleichbar und verrechenbar ist.

Man kann sich das recht gut an unterschiedlichen politischen Haltungen in Thrillern veranschaulichen. Würde ein Flugzeug entführt und die Terroristen wollten es auf ein voll besetztes Fußballstadion stürzen lassen, dann könnte man argumentieren: Es ist besser, das Flugzeug vorher über einem Weizenfeld abzuschießen, weil dann weniger Menschen umkommen. (Denn: Sterben zählt als Unglück. Je weniger Menschen sterben, desto mehr sind glücklich.) Das ist die gängige Logik in US-Actionfilmen. In deutschen »Tatorten« geht es weit komplexer zu, weil in Europa Menschenleben nicht gegeneinander aufgerechnet werden dürfen. Es wäre daher verboten, das Flugzeug abzuschießen, um die Menschen im Stadion zu retten.

Haarspalterei, Elfenbeinturm-Diskussionen, kann man nun sagen. Aber das stimmt nicht. Im Straßenverkehr lässt sich im Voraus nicht festlegen, wie eine Person handeln wird. Läuft beispielsweise ein Kind auf die Straße, so könnte es überfahren werden, oder der Fahrer reißt das Steuer herum, kracht in eine Hauswand und wird selbst schwer verletzt. Einem selbstfahrenden Auto muss man einprogrammieren, wie es reagieren soll. Wir müssen also im Voraus entscheiden, welcher Schaden jeweils in Kauf genommen werden soll.

Überhaupt ist das Prinzip der Abwägung und Verrechnung von Glück ein ganz selbstverständlicher Teil des Alltags. Die ersten Erdbeeren im Mai sind schrecklich teuer – machen sie mich so glücklich, dass ich dafür viel Geld hinlegen will? Oder bei der Auswahl eines Urlaubsziels: Bin ich am Meer glücklicher als in den Bergen?

So weit, so normal.

Schwierig wird es durch das Aufaddieren. Wenn eine Handlung einer Person extrem viel Glück (lies: Geld) bringt, aber allen anderen nicht – dann sollte diese gemäß dem Utilitarismus als wünschenswert angesehen werden. Das bedeutet: Je raubtieriger der Kapitalismus, desto »besser« aus utilitaristischer Sicht.

Verknappt wird dieses Prinzip als »das größte Glück der größten Zahl« bezeichnet. Das klingt toll, weil »große Zahl«. Als würde es eben genau darum gehen, dass möglichst viele Menschen möglichst glücklich sind. Und möglicherweise war das ursprünglich auch mal so. Aber spätestens in der Neuzeit sind dermaßen krasse Anhäufungen von »Glück« möglich geworden, dass sie den Durchschnitt verzerren.

1000 Leute mit je 1000 Euro (= insgesamt eine Million

Euro) sind eben einfach weniger als 1 Milliarde für 1 Person und nix für die übrigen 999.

Das erscheint dann doch vielen von uns merkwürdig. So wie eben damals Heiner Geißler.

Die Lösung besteht aber wohl nicht im Gegenteil, also beispielsweise einer völligen Gleichverteilung von Ressourcen oder Glück. Es scheint, als müssten wir lernen und möglicherweise auch ausdiskutieren, wann der Vergleich von Gesamtergebnissen sinnvoll ist und wann wir Handlungen an und für sich bewerten wollen.

Oder umgekehrt – denn unsere Welt ist weitgehend utilitaristisch eingerichtet, und damit fahren wir in der Summe ja auch gar nicht schlecht –: Es scheint, als müssten wir eine Möglichkeit finden, die extremen Auswüchse dieser Haltung zu bewerten und zu unterbinden.

Im Alltag nützlich ist die Überlegung von Bentham und Mill immer dann, wenn wir ohnehin Vergleiche anstellen, weil wir nicht alles haben können. Machen mich die oben angeführten Erdbeeren glücklich? Macht mich die billige Fast Fashion glücklich? Brauche ich mehr Geld oder mehr Freizeit? Wenn ich der Partnerin oder dem Partner zuliebe zurückstecke – ist ihr oder sein Glück darüber vielleicht größer als meine Unzufriedenheit? Und kann (und will) ich das gegeneinander aufwiegen, und falls ja, wo ist dann doch Schluss damit?

Gibt es echte Dealbreaker im kantischen Sinne, die für uns nicht durch etwas anderes wiedergutzumachen sind?

Sich das Konzept klarzumachen – größtes Glück der größten Zahl – ermöglicht ein Nachdenken darüber, wann wir eine gewinnorientierte Vorgehensweise völlig okay finden. Und wann nicht.

Und diese Entscheidung immer wieder bewusst zu treffen – macht glücklich(er).

WAS DIESER SATZ IHNEN SCHENKT:

Kriterien. Einen Bewertungsmaßstab.

29.
»Urteilen kann als Fortschreiten von einem Gedanken zu seinem Wahrheitswerte gefasst werden.«
(GOTTLOB FREGE)

In der Philosophie wird viel argumentiert. Also begründet. Wenn A und B, dann C. A und B heißen dabei »Prämissen«, C ist die »Konklusion«.

Ein sogenanntes wohlgeformtes Argument ist eines, dessen Konklusion wahr sein muss, wenn alle Prämissen stimmen.

Es gibt ganz einfache Formen von Argumenten: Wenn etwas irgendwie ist, kann es nicht gleichzeitig anders sein. Beispiel: Wenn es regnet, kann es nicht gleichzeitig nicht regnen. Wohl aber kann die Sonne scheinen, während es regnet, denn Sonnenschein ist kein »echter« Gegensatz zu Regen.

Ich kann nicht gleichzeitig groß und klein sein oder im selben Moment in Rom und in London.

Ständig benutzen wir auch »Wenn-dann«-Schlussfolgerungen. »Wenn es regnet, wird die Straße nass«, »Wenn ich regelmäßig Sport mache, werde ich fitter«.

Der sogenannte Umkehrschluss ist aber deswegen noch lange nicht richtig. Wenn die Straße nass ist, hat es dann geregnet? Vielleicht. Möglicherweise hat aber auch jemand sein Auto gewaschen, oder ein Mineralwasserlaster ist umgekippt. Wenn ich fit bin, habe ich dann Sport gemacht? Kann sein. Oder ich gehöre einfach zu diesen Leuten, die auch ohne Sport fit sind. Und so weiter.

Fehlschlüsse dieser Art und auch viel komplexer konstruierte gibt es viele. Manche sind lustig, andere lehrreich. Nachfolgend eine kleine Auswahl:

Dammbruchargument

Motto: Wer A sagt, muss auch Z sagen. (Aber Z folgt weder aus noch auf A.)

Beispiel: Wenn sich jetzt alle ihr Geschlecht aussuchen können, dann identifiziere ich mich eben als Teetasse!

Spielerfehlschluss

Motto: Weil A lange nicht passiert ist, ist A jetzt dran. (Verwechselt Wahrscheinlichkeit mit relativer Häufigkeit.)

Beispiel: Ich habe lange keinen Pasch gewürfelt, also ist ein Pasch jetzt »fällig«.

Tertium non datur (ausgeschlossenes Drittes)

Motto: Der Feind meines Feindes ist mein Freund. (Alternativen zu den Positionen A und B werden verschwiegen oder ignoriert.)

Beispiel: Wer die Umwelt schützen will, nimmt eine hohe Arbeitslosigkeit in Kauf.

Argumentum ad hominem

Motto: Wenn A das sagt, kann es ja nicht stimmen. (Aber das kann es sehr wohl.)

Beispiel: Wenn Friedrich Merz dafür ist, bin ich dagegen.

Mitläuferargument

Motto: Fresst mehr Scheiße, tausend Fliegen können sich nicht irren. (Aber die Erde kreist auch nicht um die Sonne, obwohl die meisten Menschen das mal glaubten.)

Beispiel: Die meisten Menschen mögen Süßigkeiten, also sind Süßigkeiten ja wohl gesund.

Zirkelschluss

Motto: Es ist richtig, weil es stimmt. (Eine Folgerung, die mit anderen Worten dasselbe sagt, ist keine.)

Beispiel: A sagt immer die Wahrheit, also lügt A nie.

Fehlerhafte Induktion/Deduktion

Motto: Was auf einen Teil (oder das Ganze) zutrifft, gilt auch für das Ganze (oder einen Teil).

Beispiel: Ich bestehe aus Atomen. Atome sind unsichtbar. Also bin ich unsichtbar. (Bin ich aber nicht, weil die Atom-Eigenschaft auf mich nicht zutrifft.)

Gefühlsargument

Motto: Emotion motiviert. (Aber ist kein Argument.)

Beispiel: Iss dein Brot auf, in Äthiopien hungern die Kinder.

Mittelweg

Motto: Ausgleichende Gerechtigkeit. (Die Annahme, dass die Wahrheit stets zwischen den Extremen liege, ist unbegründet.)

Beispiel: Kreist die Erde um die Sonne oder die Sonne um die Erde? Es könnte doch auch mal so und mal so sein – oder beides zugleich.

Sprachliche Mehrdeutigkeit

Motto: Bitte gib mir nur ein Wort!

Beispiel: Was einen Bart hat, kann man rasieren. Schlüssel haben einen Bart. Also kann man Schlüssel rasieren.

Zufälliges zeitliches Zusammentreffen

Motto: »Cum hoc, ergo propter hoc«, murmeln Bildungsbürger gern abschätzig. Das heißt: »Mit diesem, also deswegen«. Gemeint ist der logische Fehler, eine Korrelation (das zeitliche Zusammentreffen) mit einer Kausalität (also Ursache und Wirkung) zu verwechseln.

Beispiel: Weil der Tag auf die Nacht folgt, ist die Nacht die Ursache des Tages.

Gottlob Frege war derjenige, der die Logik formalisiert hat. Er führte »Wahrheitswerte« ein und Formelzeichen, mit denen man quasi »rechnen« kann. So lässt sich aus einem Argument ein anderes ableiten oder auch durch das Führen eines Gegenbeweises ein Schluss ziehen.

Mithilfe von Freges Formeln und seinen Überlegungen *Über Sinn und Bedeutung* ließen sich also die oben genannten Fehlschlüsse vermeiden. Man konnte zeigen: Das stimmt so nicht, obwohl es auf den ersten Blick so aussieht. Diese Entwicklung markierte den Abschied von den »Paradoxie«- und »Dilemma«-Storys, die jahrhundertelang die Philosophie durchzogen. Hin zu einem (argumentativen) Fortschreiten in Richtung der Wahrheit. Denn das ist ja der Sinn vieler Überlegungen: Durch systematisches Untersuchen verschiedener Überlegungen (und ihrer Gültigkeit, also ihres Wahrheitswerts) zu einem Urteil zu kommen. Oder einfacher gesagt: Wir wollen herausbekommen, was zu tun ist. Dabei geht es seit Frege geordneter zu.

WAS DIESER SATZ IHNEN SCHENKT:
Aufmerksamkeit. Argumentative Präzision.

30.

»Durch unser Wissen unterscheiden wir uns nur wenig, in unserer grenzenlosen Unwissenheit aber sind wir alle gleich.«

(KARL R. POPPER)

Der damalige US-Verteidigungsminister Donald Rumsfeld antwortete in einem Interview auf die Frage, ob das Militär gut informiert sei: »Naja, es gibt Dinge, von denen wir wissen, dass wir sie wissen. Und dann gibt es Dinge, von denen wir wissen, dass wir sie nicht wissen. Aber es gibt eben auch Dinge, von denen wir nicht wissen, dass wir sie nicht wissen.«

Und damit hat er verdammt recht. Wir wissen zwar, dass wir etwas wissen, aber nie, was wir nicht wissen. Und wir können es auch nicht wissen, weil wir nicht wissen, dass wir es nicht wissen.

Schlimmer noch: Der österreichisch-britische Philosoph Karl R. Popper sagt, unser Wissen sei notwendigerweise immer begrenzt. Das Nichtwissen ist hingegen stets riesig: »Es dürfte uns guttun, uns manchmal daran zu erinnern, dass wir zwar in dem Wenigen, das wir wissen, sehr verschieden sein mögen, dass wir aber in unserer grenzenlosen Unwissenheit alle gleich sind«, formuliert er in *Vermutungen und Widerlegungen.*

Warum sollte das so sein? Begrenzt ist unser Wissen, weil sich zwingend alles Wissen, das jemand hat, auflisten ließe. Das dauert vielleicht, aber es geht. Das Gleiche gilt für das Gesamtwissen der Menschheit. Was wir wissen, ist dies, das, jenes, das hier auch noch, und so geht es immer weiter, aber irgendwann stünde alles, was wir wissen, auf der Liste.

Hingegen wäre es zumindest möglich, dass wir unendlich viel nicht wissen. Denn wir wissen ja nicht, was wir nicht wissen.

Poppers Erkenntnis findet sich sehr ähnlich in der Sozialpsychologie als »Johari-Fenster«:

	Mir bekannt	Mir unbekannt
Anderen bekannt	Öffentliche Person, allgemeines Wissen	Blinder Fleck
Anderen unbekannt	Mein Geheimnis	Unbekanntes

Im rechten unteren Feld des »Sprossenfensters« steht das unendlich große Nichtwissen. Denn ich weiß noch nicht mal, was ich alles nicht weiß.

Im Alltag ist auch der »Blinde Fleck« interessant: Die Dinge, die andere an mir sehen oder über mich wissen, aber die ich ignoriere oder nicht mitbekommen habe.

Spannend aber: Es gibt zwangsläufig mehr, was ich nicht weiß (über mich, über andere, über die Welt), als ich weiß.

Puh. Das macht einen erst mal deutlich demütiger.

Eines kommt noch hinzu. Popper ist derjenige, der mit dem Wiener Kreis die Wissenschaftlichkeit von Aussagen definierte. Eine These gilt für sie nur dann als wissenschaftlich, wenn sie falsifizierbar ist. Das heißt, dass es eine Möglichkeit geben muss, das Gegenteil zu beweisen – oder eben nicht.

Vorher war man davon ausgegangen, Dinge ließen sich im positiven Sinne beweisen. Die Schwerkraft zum Beispiel. Sie lässt sich überall beobachten, also muss sie ja wohl existieren.

Das berühmte Gegenbeispiel sind die schwarzen Schwäne. Die meisten Schwäne, die wir zu Gesicht bekommen, sind weiß. Aber können wir daraus folgern, dass alle Schwäne weiß sind? Es scheint so … bis wir dem ersten schwarzen Schwan begegnen. Bäng, Theorie kaputt!

Könnte es auch rosa Schwäne geben? Wir wissen es nicht. Gesichtet wurden bisher noch keine. Die Annahmen »Es gibt keine rosa Schwäne« oder auch »Alle Schwäne sind entweder weiß oder schwarz« lassen sich also nicht beweisen, wohl aber wären sie »falsifizierbar« durch die Sichtung eines rosa Schwanes. Bis dahin können wir mit der Annahme arbeiten, dass es keine rosa Schwäne gibt.

So degradierte Popper quasi im Handstreich als bewiesen angesehene »Tatsachen« zu möglicherweise falsifizierbaren Annahmen. Mit anderen Worten: Wissenschaftliche Aussagen sind immer nur so lange gültig, bis sie widerlegt werden durch den Beweis des Gegenteils oder eine präzisere Formulierung.

Im Alltag der letzten Jahre war eine weitere Beobachtung Poppers fast noch wichtiger. Zu vielen Themen wurden, sagen wir mal so, eher unwissenschaftliche – aber auch schwer widerlegbare – Behauptungen aufgestellt. Nun könnte man denken: Die sind nicht falsifizierbar – also sind sie auch per se nicht wissenschaftlich. Doch Falsifizierbarkeit sagt nichts darüber aus, ob eine Behauptung wahr oder falsch ist, sinnvoll oder sinnlos, diskutierenswert oder nicht.

Was uns bei Verschwörungstheorien so verwirrt, ist etwas, das Popper als »verschärften Dogmatismus« bezeichnete. In der Philosophie werden derartige Formulierungen oft als »Immunisierung« bezeichnet.

Sie wehren Kritik aller Art ab, indem sie sehr aufwendig verschachtelt alles und nichts zugleich sagen. Das kann beispielsweise durch sogenannte »Leerformeln« erfolgen, in denen extrem weit interpretierbare Begriffe zum Einsatz kommen.

Zum Beispiel: Gott ist »die absolute-relative, diesseitig-jenseitige, transzendent-immanente, allesumgreifend-allesdurchwaltende wirklichste Wirklichkeit (sic!) im Herzen der Dinge, im Menschen, in der Menschheitsgeschichte, in der Welt«, so der Theologe Hans Küng. Eine weitere Aussage, der eigentlich jede*r zustimmen kann, ist das berühmte Wort Immanuel Kants: »Habe Mut, dich deines eigenen Verstandes zu bedienen!« (Eigentlich handelt es sich um ein lateinisches Sprichwort: »Sapere aude« – »wage es, weise zu sein.«) So der so: Was soll das heißen? Ist es mutig und klug, gegen den Mainstream zu schwimmen und an Echsenmenschen zu glauben? Oder ist es genau umgekehrt mutig und klug, Echsenmenschen für Unsinn zu halten?

In solche Scheinargumente lässt sich hineininterpretieren, was man möchte. Ein Philosophieprofessor gab mir mal mit auf den Weg: »Immer wenn jemand von Vernunft spricht, wusste er auch nicht genau weiter.«

Natürlich haben wir alle eine Vorstellung von Vernunft, Würde, Gott, und so weiter. Aber sie unterscheiden sich eben voneinander. So ist eine Kommunikation darüber im guten Willen problemlos möglich, eine kritische Auseinandersetzung schwierig.

Sehr beliebt in esoterischen Kreisen ist auch die Entgegnung: »Gerade deine Zweifel zeigen, wie fest deine Blockaden sitzen und wie gut das allgemeine Narrativ funktioniert.« Es wird also nicht mehr über die Sache gesprochen. Denn für die aufgestellten Behauptungen gibt es zwar keine Belege – aber es gibt auch keine Gegenbeweise. Meist, weil die Behauptungen schlicht total crazy sind. Doch, haha, wenn es keine Gegenbeweise gibt, dann ist es eben Wissenschaft, hat der Popper doch gesagt.

Nein, hat er nicht. Er hat gesagt: Eine wissenschaftliche Theorie zeichnet sich dadurch aus, dass sie genau angibt, was falsifiziert werden müsste, um sie zu widerlegen. Wer einfach nur tönt: »Beweis mir doch das Gegenteil!«, tut das nicht.

Diese Gespräche sind im Regelfall wortreich und inhaltsarm. Der Unterschied ist:

- Wer mit Allgemeinplätzen argumentiert, möchte meist den eigenen Dogmatismus immunisieren.
- Ja, wir wissen zwangsläufig immer weniger, als wir nicht wissen. Das heißt aber nicht, dass alles, was wir nicht (sicher) wissen, auch wahr ist.
- Wirkliche Wissenschaftler benennen präzise den als Gegenbeweis zu falsifizierenden Knackpunkt ihrer Theorie.

WAS DIESER SATZ IHNEN SCHENKT:

Wissen über Unwissen. Souveränität. Unterschied zwischen Wissen und Meinen.

31.
»Soviel jemand zum Nutzen seines Lebens gebrauchen kann, bevor es verdirbt, soviel darf er durch seine Arbeit sich zum Eigentum machen; alles, was darüber hinausgeht, ist mehr als sein Anteil und gehört anderen.«
(JOHN LOCKE)

»Wie viel muss man verdienen, um sich später mal ein Haus kaufen zu können?«, hat meine Tochter mich einmal gefragt.

Die Antwort war leider enttäuschend. Schon seit Jahren zeichnet sich ab, dass ein Hauskauf rein mit dem eigenen Einkommen immer schwieriger wird. Genauer gesagt: Der Aufbau von Vermögen gelingt vor allem denjenigen, die erben oder größere Summen bereits vorab erhalten. Das ist ja an sich leicht nachvollziehbar. Wenn ich erst mal in einem halb oder ganz abbezahlten Haus wohne, spare ich Miete. Die kann ich anlegen und davon zum Beispiel Aktien kaufen. Oder noch ein Haus, das ich vermiete. Wer aber immer

Miete zahlen muss, hat es sehr schwer, nebenbei noch das notwendige Eigenkapital für einen Hauskauf zu sparen.

Natürlich gibt es Ausnahmen von dieser Regel. Ein Lottogewinn oder eine schnelle Karriere im Investmentbanking und dann ein Ausstieg ins preiswerte Selbstversorgerleben im Tiny House: das geht. Aber ein belastbarer Plan ist das nicht.

Bei der Diskussion darüber, ob das gesamtgesellschaftlich a) wünschenswert und b) okay ist, steht unter anderem der Begriff des Eigentums im Mittelpunkt. Wenn ich über mein Eigentum frei verfügen darf, dann darf ich es ja wohl auch meinen Kindern vererben – also lasst mich in Ruhe mit eurer Neiddebatte! Das ist, stark verkürzt, das libertäre »Leistung soll sich eben lohnen«-Argument. Allerdings lohnt sich Leistung aktuell ja gerade nicht, sondern erben lohnt sich.

Die Eigentumsdefinition des britischen Philosophen John Locke finde ich deshalb bedenkenswert, weil sie deutlich die Luft aus dem aktuellen Streit lässt. Locke ging davon aus, dass jede*r das Eigentum an sich selbst hat. Darüber hinaus könnten Menschen Eigentum erwerben, indem sie sich Dinge durch die Vermischung mit ihrer Arbeit zu eigen machen. Wer also zum Beispiel ein Feld beackert, wird – spätestens nach ein paar Jahren – dessen Besitzer*in. Wer die Äpfel pflückt, darf sie behalten.

Schwierig wird das natürlich bei Arbeitsteilung: Wenn ich mit Freunden zusammen eine Kuh großziehe und jemand anders sie schlachtet und zerlegt – wem gehört dann das Fleisch?

Aktuell viel wichtiger aber scheinen mir Lockes Einschränkungen aus den *Zwei Abhandlungen über die Regierung*. Erstens, man darf nur so viel Eigentum erwerben, wie man selbst nutzen und brauchen kann. Damit ist der aktuell angesagte Superreichtum kategorisch ausgeschlossen. Zweitens, es muss immer genug für alle anderen übrig bleiben. Zu Lockes Zeit hieß das: Ich darf nicht mehr Land nutzen und letztlich besitzen, als gut für mich ist – und ich muss genug Land für alle anderen übrig lassen, die es mir gleichtun wollen.

Heute leben wir einerseits in einer Überflussgesellschaft. Selbst wenn ich so viele T-Shirts kaufe, wie ich es mir leisten kann, bleiben noch genug T-Shirts für alle anderen übrig, die auch eins wollen. Das Gleiche gilt für Flugmangos oder TV-Geräte. Selbst kurzfristiger Mangel, beispielsweise Toilettenpapier und Mehl im Frühjahr 2020, wird zügig behoben.

Andererseits gibt es Güter, von denen eben nicht genug für alle da sind. Das gilt vor allem für Grund und Boden. Wer sich heute ein Stück Land, das noch niemandem gehört, durch Arbeit zu eigen machen will, kann lange suchen. Leider ist immer schon jemand da, dessen Vorfahren schneller waren als die Vorfahren des neuen Interessenten.

Das wäre anders, wenn jede*r nur besäße, was sie oder er braucht. (Ja, klar, dafür müsste man darüber reden, was ein zufriedenstellendes Leben ist, ob alle das Gleiche haben sollten, wie wir mit naturgegebenem Ehrgeiz und mit Lotteriegewinnen umgehen wollen. Ich sage ja nicht, dass es einfach wird. Ich sage nur: Lockes Erkenntnis hat meine Sicht auf die Welt verändert.)

Die Debatte darüber, wie legitim Reichtum ist und ob wir gesellschaftlich mit anderen Verteilungsoptionen nicht besser bedient wären, ist sehr interessant. Guter Einstieg: das Buch *Wie reich darf man sein? Über Gier, Neid und Gerechtigkeit* von Christian Neuhäuser. In dem kurzen Buch geht es um die Frage, ob Reichtum (immer) ungerecht ist. Und wenn ja, warum? Oder ist es eigentlich nur der Neid, der aus uns Nichtreichen spricht? Vor allem aber gibt Neuhäuser Anregungen, wie ein gerechterer Umgang mit Reichtum aussehen könnte.

Für meine persönliche Zufriedenheit fand ich übrigens die Umkehrung von Lockes Überlegung viel wichtiger. Was passiert, wenn ich mich aus dem gedanklichen Wettrennen aller mit allen verabschiede und nur noch besitzen möchte, was ich brauche? Dann fange ich auf einmal an, darüber nachzudenken, was ein zufriedenes Leben für mich ist. Wie viel (materielle) Sicherheit ich benötige, wie viel Besitz, wie viel Luxus, wie viel Freizeit.

Aktuell ist die Gier nach mehr tief im Gewebe unseres Miteinanders verankert. Wachstum ist die einzige Währung, die zählt. Eine Steigerung des Bruttoinlandsprodukts (also der Gesamtwirtschaftsleistung) wird als wichtigster Faktor für eine Bevölkerungszufriedenheit angesehen. Im Privaten wird »persönliches Wachstum« gefordert. Motto: Wer rastet, der rostet. Werbung und der Blick auf andere bestimmen unsere eigenen Ziele.

Das muss nicht so sein. Wir können uns darauf besinnen, nur noch haben zu wollen, was wir selbst nutzen können und benötigen. Es ist nicht ganz einfach, Lockes Gedanken der Aneignung durch Arbeit auf aktuelle Tätigkeiten anzuwenden. Für mich ergaben sich daraus zwei Folgerungen.

Erstens: Menschen mögen Möbel, die sie selbst zusammengeschraubt haben, lieber als Möbel, die montiert geliefert wurden. In diesem Sinne habe ich beschlossen, für meine Arbeit mehr sogenannten Werkstolz empfinden zu wollen. Ich habe angefangen, genauer zu prüfen, mit welchen Projekten ich meine Arbeitskraft vermischen und sie mir damit zumindest geistig zu eigen machen will. Und ich glaube, die meisten von uns sind gut beraten, dann und wann zu prüfen, ob wir das, was wir täglich tun, wenigstens okay finden.

Zweitens: Die Haltung, mir nehmen zu dürfen, was ich benötige, und anderen noch genug übrig zu lassen, killt jede Raffgier. Mein Ressourcenverbrauch ist gesunken, ich kaufe jetzt einfach weniger. Brauche ich wirklich noch eine Jeans? Manchmal ja, oft nicht. Will ich wirklich länger arbeiten, um mich dann im Urlaub davon erholen zu können? Manchmal ja, manchmal nein. Und im Hinterkopf läuft mit: Sind mein Verhalten und mein Auftreten sozialverträglich, wenigstens in Bezug auf mein direktes Umfeld? Oder nehme ich anderen etwas weg, das sie brauchen – seien es Aufträge, Aufmerksamkeit oder Redezeit?

Immer schon habe ich gern gearbeitet. Ich mag meinen Job, ich schreibe gern, ich denke gern nach, ich recherchiere gern. Jetzt fühle ich mit deutlich wohler und besser eingebettet in die Welt.

WAS DIESER SATZ IHNEN SCHENKT:
Maßstäbe. Mäßigung. Werkstolz.

32.

»Man kommt nicht als Frau zur Welt, man wird es.«

(SIMONE DE BEAUVOIR)

Schon wieder eine Genderdiskussion? Ja – und nein.

Simone de Beauvoir bezog sich mit dem berühmten Satz aus ihrem bekanntesten Werk *Das andere Geschlecht* nicht auf eine Diversität, wie wir sie heute diskutieren. Trotzdem können uns ihre Erkenntnisse in dieser Debatte meiner Ansicht nach erheblich weiterhelfen.

Aber der Reihe nach.

Der französischen Philosophin ging es nicht um das biologische Geschlecht, sondern um das Frausein im Rahmen der Gesellschaft. Sie trifft also soziokulturelle Aussagen.

Wenn wir heute sagen: »Mädchen können auch mit Baggern spielen« oder »Mädchen müssen nicht Rosa tragen«, dann steht das in de Beauvoirs Tradition. Sie fand die Annahme, dass Mädchen und Jungen – und in der Folge Frauen und Männer – eben einfach qua Geburt so seien, wie das Umfeld es stereotyp erwartet, unzutreffend. Ihre Annahme war: Nicht biologische Aspekte machen ein Mädchen zu einer »typischen Frau«, sondern der gesellschaftliche Druck. Zudem würden Frauen immer in Abhängigkeit von Männern definiert, in Bezug auf sie.

Die Veröffentlichung des Buches 1949 ist inzwischen rund 75 Jahre her, damals waren seine Aussagen ein echter Aufreger. Und auch heute richten viele Menschen traditionelle Erwartungen an (ihre) Kinder und an die Personen, denen sie begegnen. Also sind diese Überlegungen wohl immer noch aktuell.

Wenn Frauen nicht als Frauen zur Welt kommen, sondern dazu (gemacht) werden, dann wäre auch ein ganz anderes Frauenbild mit dem Frausein vereinbar. Dieser Freiraum ist das Großartige an de Beauvoirs Aussagen.

Und, ja, wenn die Annahme, »Frauen sind so« Quatsch ist, dann fliegen damit auch »Männer sind so« und »Männer sind vom Mars, Frauen von der Venus« zum Fenster raus.

Heißt das: Alle sind gleich? Natürlich nicht. Erstens heißt es, ganz im Gegenteil: Alle sind unterschiedlich. Zweitens mag es sehr wohl bestimmte Eigenschaften geben, die typisch sind für viele Angehörige eines Geschlechts, aber eben nicht für alle. (Kleines Spiel: Fällt Ihnen eine Eigenschaft ein, die auf diese Weise angeboren und nicht durch das Aufwachsen in einer Gesellschaft erlernt ist?) Drittens gibt es ganz unterschiedliche Kategorien von Eigenschaften, die mehr oder weniger gesellschaftlich determiniert sind. »Frauen sind empfindlich« oder »Frauen können eben nicht so gut rechnen« sind größerer Unsinn als »Im Durchschnitt wiegen die meisten Frauen weniger als ein gleich großer Mann«.

Auf alle Fälle wird durch diese Überlegungen klar, dass die geschlechtliche Identität (englisch: *gender*) mindestens eine biologische (englisch: *sex*) und eine soziale Komponente hat. De Beauvoir äußert sich zu der sozialen. In den letzten Jahren schlugen die Wellen hoch um das biologische Geschlecht. Ich bin weder Jurist noch Biologe. Aber wenn sich jemand im eigenen Körper nicht wohlfühlt und lieber ein Mann/eine Frau/divers wäre und wenn das psychologisch und medizinisch gut betreut wird – warum sollte das dann die Grundfesten der sozialen Gemeinschaft erschüttern?

Denn ganz offensichtlich ist doch der Übergang zwischen genetischen und sozialisierten Eigenschaften fließend. Sind Frauen insgesamt vielleicht weniger raubeinig als Männer? Mag sein. Gibt es zum Beispiel im Management oder im Leistungssport Frauen, die es in puncto Aggressivität mit Männern aufnehmen können? Klar. Es gibt ja auch Männer, die besonders sensibel sind. Und es gibt Menschen, die sich wohler fühlen, wenn sie sich nicht als Frau oder Mann eingruppieren müssen und deren Verhalten mal dem einen, mal dem anderen und mal gar keinem Klischee gerecht wird. Ich finde, das sich daraus ergebende Problem ist für andere höchst überschaubar.

So lässt sich de Beauvoirs Aussage, man würde nicht als Frau geboren, sondern dazu gemacht, meiner Ansicht nach auch auf die aktuellen Diskussionen anwenden.

Frauen haben, genau wie alle anderen Menschen, ein unbegrenztes Entwicklungspotenzial. Es ist für sie aber immer noch schwieriger, dies zu leben. Vielfach wird von ihnen verlangt, dem festgelegten Bild zu entsprechen.

Schlimmer noch: Jede Stunde werden in Deutschland mehr als 13 Frauen Opfer von Gewalt in der Partnerschaft. Fast jeden Tag versucht ein (Ex-)Partner, eine Frau zu töten. Jeden dritten Tag stirbt eine Frau durch ihren derzeitigen oder einen vorherigen Partner. Weitere gut 200 gemeldete Straftaten pro Jahr gelten Transpersonen, bei hoher Dunkelziffer.

Das sind Überbleibsel einer patriarchalisch geprägten Gesellschaft. Vordergründig bequem für die Männer. Frauen, so de Beauvoir, müssen diesen Zwang zurückweisen und sich frei selbst entwickeln. Davon haben dann, das zeigt die aktuelle Forschung, auf Dauer auch die Männer etwas: ebenfalls mehr Freiheit, weniger Vorgaben. Trotzdem ist der gesellschaftliche Widerstand immer noch groß. Doch bleibt eine Frau zu Hause und möchte sich um Kinder und Haushalt kümmern, wird das inzwischen auch kritisiert. »Falsch« machen ist kein Problem, »richtig« gibt es nicht: Und schon wieder liegt das Problem bei den Frauen.

Rund 40 Jahre nach *Das andere Geschlecht* widmete sich die US-Philosophin Judith Butler der Thematik ihrerseits im Buch *Das Unbehagen der Geschlechter*. Butler kritisiert, dass feministische Literatur oft trotz allem weitgehend binär bleibt. Sie hingegen findet, dass es eigentlich gar keine einheitlichen Geschlechterkategorien gebe. Mal ganz davon abgesehen, dass uns ja auch ethnische, kulturelle oder klassenspezifische Hintergründe prägen. Sie ist auch der Ansicht, die »biologischen Fakten« seien ebenso »diskursiv erzeugt« (also im sprachlichen Mit- und Gegeneinander) wie alle anderen Gender-Aspekte. Gender entstehe immer und ausschließlich durch Sprechakte.

Wie gesagt, ich bin weder Jurist noch Biologe. Aber im Alltagsumgang scheint es mir bislang völlig unproblematisch, auf die Wünsche meiner Gegenüber Rücksicht zu nehmen.

Butler ist oft noch schwerer zu verstehen als de Beauvoir. Was meint sie *genau* mit dem, was sie sagt? Darüber streiten die Gelehrten.

Ich verstehe sie als eine Nachfolgerin im Geiste von Simone de Beauvoir. Beide liefern gute Gründe, weshalb wir aufhören sollten, Kinder und Erwachsene in stumpfe, eindimensionale – unfreie – Rollen zu stopfen. Ein Mann mit Nagellack, eine Frau auf dem Bau, jemand Diverses im Personalwesen? Eine Frau, die einparkt, ein Mann, der einen Knopf annähen kann, jemand Diverses beim Brotbacken?

Das könnte man auch lockerer und offener nehmen. Dann entstünde mehr Freiraum für alle.

Würde die Welt dadurch wirklich unerträglich unsicher und unberechenbar? Im Leben nicht.

Ich habe übrigens mehrere Anläufe gebraucht, bis ich das Thema Gendern und geschlechtliche Identität wirklich ernst genommen habe. Weil das einfache, binäre System schön überschaubar und fest verankert ist. Gerade darum finde ich de Beauvoirs und Butlers Überlegungen immer noch wichtig. Als Anregung, die eigenen Vorurteile als solche wahrzunehmen.

WAS DIESER SATZ IHNEN SCHENKT:
Vorurteilsfreiheit. Offenheit. Interesse. Toleranz.

33.

»Liebe ist die einzig vernünftige und befriedigende Antwort auf die Frage nach dem Sinn der menschlichen Existenz.«

(ERICH FROMM)

Wie oft hatte ich schon die Schnauze voll von der Liebe!

Es wäre doch viel besser, zufrieden allein zu leben. Aber dann eigentlich doch nicht.

Wobei ich »Liebe« in einem deutlich weiteren Sinne auffasse als der deutsch-amerikanische Psychoanalytiker, Philosoph und Sozialpsychologe Erich Fromm. In *Die Kunst des Liebens* beschäftigt er sich mit der klassischen (heute mag man hinzufügen: heteronormativen) Beziehungsliebe. Ja, er erwähnt auch Eltern-, Gottes-, Nächsten- und Selbstliebe, aber gelesen wurde sein Buch letztlich doch vor allem als Beziehungsratgeber. Kann man machen, muss man aber nicht.

Jedenfalls scheint es doch im engeren wie im weiteren Sinne ein wenig riskant, ausgerechnet die nie ganz einfache Liebe als One-size-fits-all-Lösung zu betrachten.

Was also meint Fromm, wenn er schreibt: »Wem also

die Liebe als einzige vernünftige Lösung des Problems der menschlichen Existenz am Herzen liegt, der muß zu dem Schluß kommen, daß in unserer Gesellschaftsstruktur wichtige und radikale Veränderungen vorgenommen werden müssen, wenn die Liebe zu einem gesellschaftlichen Phänomen werden und nicht eine höchstindividuelle Randerscheinung bleiben soll«?

Erst die Liebe – eigentlich: das Lieben – gibt unserem Leben einen Sinn, behauptet er. Und da wir unser Leben als sinnvoll deuten wollen, brauchen wir diese Krücke, um ans Ziel zu kommen. Das erscheint zumindest dann nachvollziehbar, wenn wir »Liebe« nicht ausschließlich romantisch, sondern als eine innige Verbundenheit auffassen. Niemand ist eine Insel, wir können nicht für uns allein leben, und schon gar nicht ein Leben ganz für uns allein als sinnvoll deuten. Wohl aber ein Leben im engen Austausch mit geliebten anderen, die nicht zwangsläufig Partner*innen sein müssen, sondern auch Freund*innen sein können, vielleicht sogar Tiere oder gar die Welt selbst.

Dabei sei die Liebe, ganz im Gegensatz dazu, wie sie in fast allen Filmen, Serien und Büchern dargestellt wird, nichts, was uns »geschieht«, sondern eine »Aktivität«: »Sie ist etwas, das man in sich entwickelt, nicht etwas, dem man verfällt.« Heißt das, wir können lieben, wen oder was wir wollen? Nein. Aber ohne eine Entscheidung und ein Engagement unsererseits wird aus der möglichen Verliebtheit keine Liebe werden. Zu lieben birgt also zugleich das Risiko, aufs falsche Pferd gesetzt zu haben.

Als Kind seiner Zeit empfahl Fromm auch, unerfreuliche Gefühle tendenziell zu ignorieren und Mühe aufzubringen, um die Beziehung zu stärken. Das ist natürlich nicht falsch, aber wie viel Zähnezusammenbeißen auf wie viel Himmelhochjauchzen kommen sollte, das hat sich seitdem verschoben.

Seiner Zeit eher voraus war er hingegen mit der Beobachtung, dass Liebe nur dann funktioniert, wenn zwei Menschen sich zwar »vereinen«, aber doch gleichzeitig Individuen bleiben. Wir verfolgen ein gemeinsames Projekt, verschmelzen in gewisser Weise, und bleiben doch wir selbst. Nur wenn *beides* gelingt, klappt es mit der Liebe.

»Love is all you need«, sangen die Beatles, und das ist natürlich romantischer Unsinn, von Luft und Liebe allein wird niemand satt. Trotzdem macht zu lieben zufriedener als Geld zu verdienen oder Spaghetti zu kochen. Das liegt natürlich auch an der Hormonausschüttung. Die Liebe ist also auch deshalb etwas Besonderes, weil das evolutionsbiologisch günstig war.

Hat das Leben überhaupt einen Sinn? Das ist eine der großen philosophischen Fragen, auf die es immer noch keine abschließende Antwort gibt und wahrscheinlich auch nie geben wird. Was genau wäre das, ein Lebenssinn? Kann es so etwas wie einen objektiven Sinn überhaupt geben? Und wenn nicht, wie ließe sich feststellen, ob alle Leben subjektiv Sinn hätten?

Was wir aber wissen, ist: Psychologisch und soziologisch möchten Menschen ihr Leben gern als sinnvoll empfinden. Wer das eigene Leben als »sinnvoll« einstuft, ist gesünder und lebt länger. Zumindest in diesem Sinne ist ein Lebenssinn also wünschenswert.

Fromms Erkenntnis war nun: Kein Sinn ohne Liebe. Und das bestätigt die Forschung mittlerweile: Nichts ist für das Glück und die Gesundheit im Alter so wichtig wie gesunde, enge Beziehungen. Also »Liebe« im weiteren Sinne. Niemand muss in einer Partnerschaft sein oder bleiben. Aber ganz allein werden wir nicht glücklich. Wir Menschen sind soziale Wesen, wir brauchen den verlässlichen Bezug zur Welt.

Deshalb ist zu lieben tatsächlich nicht nur die einzig befriedigende, sondern zugleich auch eine vernünftige Antwort auf unser Lebenmüssen. Auch wenn sich Liebe nur selten vernünftig anfühlt, egal ob Romantik im Spiel ist oder nicht. Versuchen Sie mal zu erklären, warum sie mit ihren ältesten Freundinnen oder Freunden zusammen sind, was sie verbindet. Je genauer man sich die Freundinnen und Freunde anschaut, desto merkwürdiger werden sie. Aber egal: Die Liebe kann das überbrücken. Das ist gut so.

Und weil es vernünftig und alternativlos ist, lohnt es sich tatsächlich, dieses Gefühl und die entsprechenden Beziehungen zu kultivieren. Heißt nicht, sich alles bieten zu lassen. Kann aber heißen: Im Zweifel für die Freundin, den Freund, die Partnerin oder den Partner. Im Zweifel für die Sportgruppe oder den Hobbykreis. Kurzfristige Anstrengungen zahlen ein auf langfristiges Wohlbefinden. Dabei grenzt Fromm seine Position deutlich von einer kapitalistischen Marktlogik ab. Liebe ist kein »Gut« wie andere

Dinge, von denen mehr dann auch immer besser ist. Zudem betonte er, dass zu lieben nicht so sehr bedeute, geliebt werden zu wollen. Das käme quasi von allein, wenn wir die andere Seite der Medaille in den Mittelpunkt stellen: andere ehrlich zu lieben. Und wer sich selbst und andere wahrhaft liebe, der liebe damit auch die Welt insgesamt und das Leben. Anders gesagt: zu lieben heißt, lebendig zu sein.

Für mich heißt das: Wenn ich die Möglichkeit habe, mich mit Freundinnen oder Freunden zu treffen, versuche ich es. Wenn ich nicht so richtig Lust auf eine Gruppenaktivität habe, aber auch nicht richtig nicht, gebe ich der Sache eine Chance. Wenn ich meine Partnerin doof finde, versuche ich das geringer zu gewichten, als wenn ich sie toll finde. Das alles sind bewusste Entscheidungen für die Liebe. Da verrenke oder verstelle ich mich nicht, sondern betone nur bewusst die Zugewandtheit mehr als die Distanz.

WAS DIESER SATZ IHNEN SCHENKT:

Nähe. Kompromissbereitschaft. Fröhlichkeit. Versöhnlichkeit.

34.

»Menschliche Natalität bezeichnet nicht nur das leibliche Geborenwerden, sondern auch die Fähigkeit, neue Ideen und Fähigkeiten zu entwickeln.«

(HANNAH ARENDT)

»Woher nehmen Sie eigentlich Ihre Ideen?«. Das wird jede Autorin und jeder Autor auf jeder Party und jeder Lesung gefragt.

Dabei ist das Ideenhaben nur der kleinste Teil der Buchproduktion und in anderen Branchen sehr viel wichtiger. Kreativtechniken und Kreativ-Coaches werden daher vor allem in kleinteiligen Bereichen benötigt wie Werbung oder Journalismus.

Alle Kreativen wissen: Die Idee ist das Einfachste an der ganzen Sache. Die Durchführung ist das Schwierigste. Ein Buch zu schreiben dauert lange, einen Film zu drehen noch länger. Selbst ein Werbeclip kann Monate in der Mache sein. Und sogar ein YouTube-Beitrag kann viele Hunderte oder gar Tausende Stunden Arbeit verschlingen.

Deshalb ist der desillusionierende Teil der Antwort:

Woher die Idee kommt, ist ziemlich egal – das Schwierige ist nicht die Idee, sondern das Durchhalten.

Trotzdem ist Ideen zu haben natürlich gleichermaßen toll und rätselhaft.

Dass Menschen Ideen haben können, und was sie aus ihnen machen, ist schon bemerkenswert. Dass wir uns immer wieder etwas Neues einfallen lassen und uns sogar selbst mehr oder weniger ganz neu erfinden können, bezeichnete die deutsche Philosophin Hannah Arendt (1906–1975) in *Vita activa oder Vom tätigen Leben* als »Natalität«. Das Wort ist ihre Erfindung, es geht zurück auf das lateinische »natalis« = »zur Geburt gehörig«. Während sich die vorhergehenden, weitgehend männlichen Philosophengenerationen, wenn überhaupt, mit dem Tod auseinandersetzten und sich fragten, ob dieser zu fürchten sei oder nicht, kam Arendt darauf, dass jedes ganz persönliche Leben doch wohl zwangsläufig auch durch das Geborenwerden beeinflusst sei. Nicht auszuschließen, dass das mit ihrem Geschlecht zusammenhängt, was ein schönes Argument für mehr Diversität wäre.

Der Ausdruck »menschliche Natalität« besagt einerseits: Uns ist bewusst, dass wir geboren wurden. Er bezeichnet aber auch die Fähigkeit, neue Ideen zu entwickeln und uns auf diese Weise substanziell zu verändern. Wir können sozusagen immer wieder neu geboren werden. Und wir haben Einfluss darauf, in welcher Form das geschieht. Aus der Raupe wird immer ein Schmetterling, Menschen jedoch haben da quasi deutlich mehr Auswahl. Wir zeigen uns in unserer Einzigartigkeit.

Dieser persönliche Neustart ist stets nur in Bezug zu anderen möglich. Wir können etwas Neues anfangen, ein Hobby, einen Beruf, können einem Interesse folgen, eine Eigenschaft ab- oder uns zulegen. Wir können uns bewusst, gezielt und absichtsvoll verändern, sodass dies für andere sichtbar wird.

Arendt war der Ansicht, dass sich die »zweite Geburt«, die bewusste Konstituierung der eigenen Person als ein »Jemand«, nur anderen gegenüber vollziehen kann. Sie sah das als einen politischen Akt, einfach weil zu handeln die grundlegendste politische Tätigkeit sei. Sie betrachtete die Natalität damit als einen Ausdruck der »Unfestgelegtheit« von Menschen. Wir könnten eben immer auch anders, wir könnten immer wieder neu anfangen. Das ist, zumindest in diesem Umfang, eine typisch menschliche Eigenschaft.

Die wir alle ständig nutzen. Wir lernen, wir leben, wir verändern uns. Wir können gar nicht anders. Ich bin nicht mehr so, wie ich vor fünf Jahren war. Und Sie sind es auch nicht.

Dieser Gedanke hilft mir an mehreren Stellen. Erstens, wenn ich eine Situation als schrecklich verfahren und einengend wahrnehme – dann macht mir Arendts Denken klar, dass das so nicht ist und bleiben muss. Ich kann mich anders positionieren und verhalten, ich kann mich neu erfinden und verändert in die Welt treten. Zweitens, wenn mir der Mut fehlt, etwas neu anzufangen. Denn das Konzept der Natalität besagt ja, dass gerade das neu Anfangen, sich sozusagen immer wieder selbst neu zur Welt zu bringen, zum Menschsein gehört. Also: los! Drittens, wenn mir nichts einfällt. Dann kann ich darauf vertrauen, dass das irgendwann schon von allein passieren wird, weil wir gar nicht anders können. Und viertens, wenn ich mich manchmal frage: Was soll das alles? Dann kann ich mich entspannen und locker machen, denn es geht eben nicht darum, ein Ziel ein für alle Mal festzulegen und bestmöglich zu verfolgen, sondern wir können und müssen immer wieder neu entscheiden.

Eine meiner Lieblings-Meditationslehrerinnen, Sharon Salzberg, sagt mit anderen Worten meines Erachtens etwas Ähnliches: Wenn wir bemerken, dass unsere Aufmerksamkeit beim Üben abgeschweift ist, »fang neu an«, »*begin again*«, ohne Frust, ohne Zorn, ohne Selbstverurteilung, einfach so. Das ist für mich gelebte Natalität.

Die Erkenntnis beinhaltet im Übrigen zugleich die Konsequenz, dass wir andere nicht darauf festnageln können, so zu bleiben, wie sie waren oder wie es uns gefällt. Auch sie unterliegen schließlich der Natalität und erneuern sich auf diese typische Menschenart immer wieder und werden ein wenig anders.

WAS DIESER SATZ IHNEN SCHENKT:
Kreativität. Neubeginn. Aufbruch.

35.
»Ich würde nie für das sterben, woran ich glaube; ich könnte ja unrecht haben.«
(BERTRAND RUSSELL)

Einmal die sozialen Medien checken, Nachrichten schauen oder auch nur Freunde treffen: Schon müssen wir Position beziehen! Überall schlagen uns dramatisch vorgetragene Behauptungen entgegen. Und alle tun so, als hätten sie – ganz offensichtlich – recht.

Klimakatastrophe, der Umgang mit Geflüchteten, Bildungsmisere, Fachkräftemangel, Corona, Gendern, Fußball … es herrscht kein Mangel an Streitthemen. Doch wie kann es sein, dass alle so überzeugt von der eigenen Meinung sind? Zumal es ja ganz offensichtlich unterschiedliche Positionen gibt, die nicht alle richtig sein können.

Erstens kann es natürlich vielfach doch sein, dass es gar keine »richtige« Lösung für ein Problem gibt. Insofern können sehr wohl verschiedene Vorschläge »richtig« sein.

Zweitens *wissen* wir manchmal einfach verdammt wenig, müssen aber trotzdem Entscheidungen treffen. Ein gutes Beispiel dafür ist die Corona-Pandemie. Wie gefährlich war das neue Virus wirklich? Wie hilfreich die Impfung? Darüber konnte am Anfang bestenfalls spekuliert werden. In diesem luftleeren Raum kommen also durchaus mehrere unterschiedliche Annahmen und Folgerungen als möglicherweise richtig infrage.

Drittens werden Einzelereignisse oder -debatten immer häufiger genutzt, um grundsätzlichere Themen zu beackern. Ob Corona, Geflüchtete, Gendern oder Bildung: Mit all diesen Diskussionen lassen sich Zweifel an Demokratie und Politik säen. Und wer profitiert davon? Die extremistischen Parteien. Manchmal geht es also gar nicht darum, eine Position ehrlich zu vertreten und argumentativ zu verteidigen. Sondern das Gebrüll soll nur gehört werden.

Außerdem ist die Grundannahme, man könnte ja auch unrecht haben, für viele Menschen eine massive Kränkung. Woher den Mut nehmen, die Stimme zu erheben, wenn man auch unrecht haben könnte? Gelernt haben wir viel eher: Am besten kommen diejenigen an, die zumindest so klingen, als hätten sie keinerlei Zweifel an ihrem Wissen.

Es hat sicher gute Gründe, dass Philosophen selten in hohe Ämter gewählt werden oder große Karrieren machen. Der britische Philosoph und Mathematiker Bertrand Russell (1872–1970) hatte im Interview mit der New York Post ja recht: Jede*r von uns könnte sich immer wieder mal irren. Aber werde ich jemand wählen, der das als Lebensmaxime kultiviert? Wahrscheinlich doch eher nicht. Obwohl es eigentlich toll wäre.

Nützlich finde ich Russells Erkenntnis im Privaten. Offen zu bleiben für Gegenargumente, statt sich verbissen zu verteidigen, als ginge es um Leben und Tod: das führt zu besseren Gesprächen. Und die anderen am Tisch mögen es, ebenfalls gehört zu werden. Das heißt, eine solche Position erhöht zugleich die Qualität unserer Beziehungen.

Und das wortwörtliche Sterben von Menschen für ihre Überzeugungen hat nur selten etwas gebracht. Widerstand, ja. Selbstaufopferung, nicht wirklich.

Eine etwas weniger engstirnige Haltung führt dazu, dass wir die eigenen Ansichten wirklich immer wieder überprüfen und nachbessern können. Denn der Faktenstand und die daraus abzuleitenden Folgerungen ändern sich immer schneller. Wer an alten Überzeugungen klebt, wird schnell irrelevant.

Sind nun alle Meinungen gleich viel wert, und ist es quasi verboten, Position zu beziehen? Natürlich nicht. Manche Behauptungen sind Quatsch oder gelogen. Andere eine Überlegung wert, aber dann doch nicht wirklich überzeugend. Es ging dem britischen Philosophen Russell nicht darum, sich ständig selbst zu verunsichern. Er schlägt nur vor, bewusst den eigenen Größenwahn im Auge zu behalten.

Denn für ewige Rechthaberei zahlen wir einen hohen Preis. Denn wir gewinnen damit ganz sicher keine Sympathien. Und wir können auf diese Weise auch nur »durchregieren«, aber niemanden wirklich überzeugen. Das klappt in der Politik leider sogar einigermaßen gut, im Job nicht wirklich, in der Familie gar nicht.

Und ich glaube, das wird sich im öffentlichen Diskurs auch wieder ändern. Sterben würde ich für diese Ansicht nicht wollen, denn vielleicht irre ich mich. Aber hoffentlich nicht.

WAS DIESER SATZ IHNEN SCHENKT:
Lockerheit. Selbstkritik. Entspannung.

36.
»Gerechtigkeit ist, Gleiches gleich und Ungleiches ungleich zu behandeln.«
(ARISTOTELES)

Sollen Fußballerinnen ebenso gut bezahlt werden wie Fußballer? Sie trainieren hart und geben ihr Bestes – also ja! Andererseits spielen sie deutlich weniger Werbe- und Übertragungseinnahmen ein – also nein.

Das Gleiche gilt natürlich auch in ganz normalen Jobs. Sollen alle für die gleiche Aufgabe denselben Lohn bekommen? Oder diejenigen mehr kriegen, die bessere Arbeit leisten? Oder die besser verhandeln?

Ist es sinnvoll, dass alle Kinder auf sehr ähnliche Weise Schulwissen erlernen und reproduzieren müssen? Oder sollte es auch andere Zugänge zum Bildungswesen und vor allem zum Arbeitsmarkt geben?

Soll das ältere Kind länger aufbleiben dürfen und mehr Taschengeld bekommen? Und das jüngere vielleicht noch getragen werden?

Ist es okay, einer Frau die Tür aufzuhalten, einem Mann aber nicht?

Was ist gerecht, was ist ungerecht, und woran bemessen wir das? Die Frage klingt so einfach, aber die Antwort ist schwer.

Durch das Internet geistert ein zugespitztes Zitat von Aristoteles: »Die schlimmste Form der Ungleichheit ist der Versuch, Ungleiches gleich zu machen.« Das hat der griechische Philosoph Aristoteles (384–322 v. Chr.) aber nie gesagt. In der *Nikomachischen Ethik* formulierte er nur: »Es liegt also die Gerechtigkeit der Verteilung in der Verknüpfung von A mit C und B mit D, und das Gerechte ist die Mitte, das Ungerechte dagegen der Verstoß gegen die Proportion. Denn das Proportionale ist die Mitte, und das Gerechte ist das Proportionale.«

Doch durch die Überspitzung wird das Problem deutlicher. Denn den Satz nutzen die unterschiedlichsten Gruppen für ihre Forderungen: Feministinnen, alte weiße Männer, Antirassisten, Rassisten, Große, Kleine, Dicke, Dünne. Denn der Haken ist halt: Irgendwie sind wir alle gleich und aus einer sehr kosmischen Perspektive sogar alle Säugetiere, Tiere, Lebewesen. Und andererseits sind wir alle absolut individuell. »Sei du selbst, alle anderen gibt es schon«, soll Oscar Wilde gesagt haben. Das ist im Grunde der direkte Konter.

Wenn alle Menschen total individuell sind, dann sind alle »ungleich«, und somit müssen alle »ungleich« (individuell) behandelt werden. Das kann Aristoteles nun auch wieder nicht gemeint haben, denn dann wäre die Forderung, »Gleiches gleich« zu behandeln, überflüssig.

Hinzu kommt: Im vorchristlichen Griechenland hatten Frauen praktisch keine Rechte, ähnlich war es mit den

Sklaven. Was Aristoteles also vermutlich als »gerecht« ansah und wer in seinen Augen »gleich« oder »ungleich« zu behandeln war, würden wir heute als überholt ansehen.

Grundsätzlich sollen wenigstens vor dem Gesetz alle Menschen heutzutage »gleich« sein und also auch gleich behandelt werden. Andererseits werden bei jedem Verfahren die individuellen Umstände berücksichtigt, die Vorgeschichte, die Gründe für die Tat, die Rückfallwahrscheinlichkeit. Insofern sind die meisten von uns grundsätzlich damit einverstanden, dass wir zwar alle »irgendwie gleich«, aber auch »irgendwie ungleich« sind. Das muss dann jeweils ausgehandelt werden.

Im Alltag aber muss man gar nicht so hoch springen, um Aristoteles' Aussage fruchtbar zu machen. Ich nutze den Bezug daher eher, um Überlegungen zu vereinfachen. Manchmal hänge ich in einer Entscheidungsschleife: kaufen oder verzichten, gehen oder bleiben, Sekt oder Selters? Dann kann es helfen, »Gleiches gleich« zu behandeln. Wenn ich also in der Vergangenheit schon oft gute Erfahrungen mit der Entscheidung für (oder gegen) etwas gemacht habe, dann wiederhole ich diese jetzt einfach. Nur wenn das aktuelle Problem ein derartiges Unikat ist, dass ich wirklich keine ähnlichen Fälle erinnern kann, muss es gesondert durchdacht werden. Dann ist mein erster Schritt aber nicht, zur Lösung gelangen zu wollen, sondern das Alleinstellungsmerkmal zu ermitteln. Was genau unterscheidet diese Situation von allen anderen, die ich schon kenne? Damit wird dann klar, worüber ich nachdenken und meist zuerst einmal mehr in Erfahrung bringen muss.

Nützlich ist Aristoteles' Regel auch bei Abwägungen, zum Beispiel in der Kindererziehung. Sollte ich meinem Sohn als ersten Sport Fußball vorschlagen, eben weil er ein Junge ist, und der Tochter Jazzdance, weil sie ein Mädchen ist? Das betrachten wir heute glücklicherweise als überholt. Kickt aber der Junge in seiner Freizeit ständig auf der Straße und das Mädchen erstellt eigenständig Tanzchoreos im Kinderzimmer, dann wären die gleichen Vorschläge aufgrund der beobachteten Ungleichheit des Verhaltens vielleicht doch richtig.

Was ist besser: Wenn zwei unterschiedlich alte Geschwister zur gleichen Zeit ins Bett gehen, oder wenn sie es versetzt tun? Bei uns hing das vom Altersunterschied ab, vom Schlafbedürfnis der jeweiligen Kinder – und, ehrlich, auch von der elterlichen Logistik. Heißt: Wir haben die Ähnlichkeiten und die Unterschiede immer wieder gegeneinander abgewogen und neu ins Verhältnis zueinander gesetzt.

Das ist aus meiner Sicht der Take-away aus Aristoteles' Forderung: Da es eine vollkommene Gleichheit von Person und Situation nicht gibt, kommt es immer darauf an, ob in Bezug auf die anstehende Entscheidung die Ähnlichkeiten überwiegen – oder die Unterschiede.

Hinzu kommt allerdings, dass Gleiches gleich zu behandeln auch nicht immer sinnvoll ist, wie der US-Philosoph Harry Frankfurt in zwei Essays in seinem Büchlein *Ungleichheit* zeigte. Er sagt: Eine Gleichverteilung (lies: Gleichbehandlung) sei nur zu rechtfertigen, bis alle »genug« hätten. Darüber hinaus wäre doch gegen

Ungleichheit nichts einzuwenden. Und: Wenn wir zum Beispiel zu wenig von einem wichtigen Medikament haben, um alle Erkrankten zu heilen – was für eine perverse Form von Gerechtigkeit wäre es dann, jedem zu wenig Medizin zu geben und alle sterben zu lassen, statt wenigstens einige zu retten.

Klar, das sind konstruierte Beispiele, deren Sinn nur darin besteht, die Gleichheit als Top-Gerechtigkeitskriterium abzuschießen. Wie wir herauskriegen, was »genug« ist und wen wir leben oder sterben lassen sollen … mit diesen Fragen lässt Frankfurt uns dann allein.

Trotzdem ist etwas dran. Muss ich wirklich ein genauso großes Auto fahren wie mein bester Freund? Muss meine Wohnung mindestens so viele Zimmer haben wie die meiner Schwester? Braucht vielleicht manchmal ein Kind mehr Zuwendung als das andere, vielleicht sogar auf Dauer?

Es geht mir – und sicher auch Frankfurt – nicht darum, jede ungerechte Ungleichbehandlung zu rechtfertigen. Aber ich habe die Erfahrung gemacht, dass wir uns manchmal von dem Scheinideal der Gleichheit blenden lassen und damit zugleich der Überlegung ausweichen, ob hier und jetzt vielleicht eine ungleiche Lösung die bessere ist. Die sollte gut begründet sein, klar. Aber wir sollten sie nicht vorschnell ablehnen.

Mit anderen Worten: Gleichbehandlung ist oft nur eine Krücke. Sie ist leichter zu realisieren und häufig ausreichend. Echte Gerechtigkeit muss aber stets individualisiert werden und kann insofern auch nur subjektiv sein.

Das heißt dann auch: Irgendwer ist immer unzufrieden – lässt sich nicht ändern.

WAS DIESER SATZ IHNEN SCHENKT:
Gerechtigkeitssinn. Augenmaß. Weniger Neid.

37.

»Gerechte Entscheidungen sollten hinter einem Schleier der Unwissenheit getroffen werden.«

(JOHN RAWLS)

Seit Jahren diskutieren wir den Putzplan bei uns zu Hause. Wir reden über normale Hausarbeiten: saugen, wischen, Oberflächen, Bad. Kein Frühjahrsputz. Wir haben schon viele unterschiedliche Möglichkeiten probiert. Zum Beispiel: Diese Woche mache ich alle Arbeiten, nächste Woche ist jemand anders dran, bis wieder ich an die Reihe komme. Das ist insofern fair, als die Arbeit genau gleich verteilt wird. Aber alle waren unzufrieden, weil es, wenn man dran ist, so verdammt lange dauert. Dann haben wir aufgeteilt und jede*r durfte einen Favoriten aussuchen: Bad, Küche, saugen, wischen. Das wurde nach einer Weile langweilig. Und je langweiliger, desto flüchtiger wurden die Arbeiten erledigt. Damit waren die anderen auch nicht zufrieden.

Einmal versuchten die Kinder einen Aufstand und verwiesen darauf, dass ihre Klassenkamerad*innen auch nicht im Haushalt helfen müssten. Das mag sein, aber dann wissen die halt auch nicht weiter, wenn sie irgendwann allein wohnen.

Dann probten wir den umgekehrten Stunt und machten geltend, dass wir schon das Geld verdienen, einkaufen und kochen – dann könnten doch die Kinder putzen.

»Wie Sklaven«, konterten die.

Grundsätzlich sahen alle Beteiligten ein, dass ab und zu mal sauber gemacht werden sollte. Und waren auch bereit, irgendwie daran teilzuhaben.

Ein rotierender Wechsel hat sich letztlich als stabilste Lösung erwiesen. Aber dafür mussten die Aufgaben unterteilt werden. Dauert Bad plus Gästebad etwa so lange wie die Küche zu putzen? Zählt Geschirrspüler ausräumen oder Müll rausbringen unter der Woche zum Putzplan? Was ist besser: Wenn alle am Wochenende etwa gleich lang putzen oder wenn der Nervfaktor ungefähr gleich groß ist? (Küche zum Beispiel dauert nicht furchtbar lange, ist aber lästig, weil man viele Sachen hin- und herräumen muss. Saugen und wischen benötigen mehr Zeit, sind aber einfacher.)

Es gibt viele Möglichkeiten, zu argumentieren und zu optimieren.

Das gilt nicht nur für Putzpläne und andere Aufgabenverteilungen in Familien, Wohngemeinschaften, bei der Arbeit oder in allen möglichen anderen Situationen.

Damit alle mitmachen, ist es wichtig, dass die Aufteilung als gerecht empfunden wird. Aber was ist gerecht? Wie kann man eine gerechte Verteilung (von Pflichten, aber natürlich auch von Gütern) erarbeiten?

Schnell sitzen alle an einem Tisch, jede*r hat eine Lieblingslösung, und nun?

Das Hauptwerk von John Rawls, *Eine Theorie der Gerechtigkeit*, hat mir geholfen, viele politische und arbeitspsychologische Gegebenheiten besser zu verstehen. Und zugleich erleichtert mir seine Denkfigur direkte Vereinbarungen mit anderen.

Rawls schlägt vor, sämtliche Verteilungsentscheidungen »hinter dem Schleier des Nichtwissens« zu treffen. Das heißt: Wir stellen uns mal kurz vor, wir wüssten nicht, wer wir sind. Deswegen wissen wir auch nicht, ob wir lieber das Bad oder die Küche putzen – oder doch lieber saugen. Wir können aber davon ausgehen, dass alle irgendwie gerecht behandelt werden wollen.

Unser Vorschlag sollte nun im Idealfall immer funktionieren, egal für wen. Die Kinder sollten ihn als genauso gerecht (oder genauso ungerecht, um es mit ihren Worten zu sagen) empfinden wie die Eltern. Alle Mitarbeitenden sollten die Arbeitsaufteilung gleich fair finden. Wir sollten die Einrichtung des Sozialstaats als optimal abgewogen ansehen, egal ob wir Multimillionär sind und Steuern zahlen – oder langzeitarbeitslos und Bürgergeldempfänger*in.

Rawls nennt dann auch noch allgemeine Gerechtigkeitskriterien, von denen er glaubt, dass letztlich nach genügend Nachdenken alle draufkämen. Sie werden immer noch diskutiert, aber zu den wichtigsten gehören: Vor dem Gesetz und in Bezug auf politische Ämter sollten alle Menschen gleich behandelt werden. Und (vor allem materielle) Ungleichheiten sind dann in Ordnung, wenn auch die Ärmsten von ihnen profitieren.

Er sagt also keineswegs: Alles soll genau gleich aufgeteilt werden. Sondern wenn zum Beispiel eine Unternehmerin sehr viel Geld verdient, aber dabei auch zahlreiche gut bezahlte Arbeitsplätze schafft – dann »gewinnen« zwar die einen mehr als die anderen, aber alle gewinnen.

So komplex muss man es im Alltag nicht angehen. Aber den Grundgedanken finde ich hilfreich: Wäre ich mit der Lösung auch einverstanden, wenn ich betroffen wäre?

Als erste Maßnahme haben wir die Regel abgeschafft: »Die Eltern zahlen das Katzenfutter, die Kinder machen das Katzenklo sauber.« Darüber hatte ich mich als Kind schon selbst geärgert, und diesen Frust hatte ich nun an meinen Kindern ausgelassen. Aber fand ich es gut, immer das Katzenklo sauber machen zu müssen, nur weil ich der Rangniederste war? Nein!

Seitdem wechseln wir uns damit ab.

Und auch Diskussionen über Aufgabenverteilungen sind einfacher geworden. Ich suche nicht mehr die »beste« oder eine irgendwie begründbar gerechte Lösung. Sondern eine, bei der alle gut mitgehen können. Das hat auch etwas Salomonisches. Eine Variante kann auch sein, dass ein oder zwei Personen die *Auf*teilung vornehmen, die anderen die *Ver*teilung. Da überlegt man beim Aufteilen vorher genau, ob man mit jeder Option gut klarkäme.

Im Job funktioniert das Prinzip ebenfalls. Wir versuchen im Team seit meiner Rawls-Erleuchtung, alle Aufgaben so zu verteilen, dass wir die Zuständigkeiten auch auslosen könnten. Viel stressfreier.

WAS DIESER SATZ IHNEN SCHENKT:

Ein neues Entscheidungskriterium. Zufriedenheit. Fairness.

38.
»Der Mensch ist dem Menschen ein Wolf.«
(THOMAS HOBBES)

»Wenn jeder für sich selbst sorgt, ist für alle gesorgt«, sagen FDP-Wähler gern. Mit anderen Worten: Jede*r ist sich selbst der Nächste.

Im Stadtpark lassen die jungen Leute auf der Picknickdecke nebenan laut Musik laufen. Ich kann mich ja woanders hinsetzen, wenn es mich stört.

Der Chef legt mir immer mehr Arbeit auf den Tisch. Ich kann ja schneller machen oder kündigen, wenn es mir nicht passt.

Und in der Corona-Zeit konnten wir schön beobachten, wie sich Leute den Einkaufswagen mit Klopapier und Mehl vollluden, statt noch für andere Ware im Regal zu lassen.

»Der Mensch ist dem Menschen ein Wolf« wird zwar oft dem britischen Philosophen Thomas Hobbes zugeschrieben, aber eigentlich ist der Satz eine alte lateinische Redewendung: »Homo homini lupus est.« Erstmals kommt der Satz beim römischen Komödiendichter Plautus vor, dort mit vorangestelltem Wolf: »Lupus est homo homini.«

Hobbes hat die Aussage auch nicht in seinem bekanntesten Werk, dem *Leviathan*, gemacht, sondern in einem Widmungsbrief an den Grafen von Devonshire, den er seinem Buch *De Cive* (Vom Bürger) beilegte. Mehr noch: Hobbes wollte an dieser Stelle gar nicht sagen, dass Menschen einander nicht wohlgesonnen seien. Er schrieb: »Es besteht kein Zweifel, dass beide Formeln wahr sind: der Mensch ist dem Menschen ein Gott und der Mensch ist dem Menschen ein Wolf.«

Warum also wird immer nur der Wolf-Teil zitiert? Erstens natürlich, weil der Satz markig klingt und man sofort versteht, was er uns sagen soll. Die anderen sind gefährlich, sie wollen dir an die Kehle, schütze und verteidige dich. Und wer kennt das Gefühl nicht?

Zweitens aber auch, weil Hobbes eben im *Leviathan* geltend machte, im sogenannten »Naturzustand« herrsche »Krieg aller gegen alle« (fancy auf Latein: »bellum omnium contra omnes«). Weil die Leute sich einfach immer die Schädel einschlügen, wenn man sie nur ließe, wäre es für alle besser, einen mächtigen Herrscher (den titelgebenden »Leviathan«) anzuerkennen. Der würde dann für Ruhe und Ordnung sorgen.

Im Schulunterricht wird diese pessimistische Sicht auf den Menschen oft gepitcht gegen Jean-Jacques Rousseau, der davon ausging, dass die Menschen von allein überaus sozial und hilfreich seien: »Der Mensch ist von Natur aus gut, ich glaube, es nachgewiesen zu haben.« Heute greift beispielsweise Bestsellerautor Rutger Bregman in seinem Buch *Im Grunde gut* auf diese These zurück.

Aber was stimmt nun? Rousseau und Hobbes haben sich darüber nicht ausgetauscht, Hobbes lebte rund 150 Jahre vor seinem französischen Kollegen.

Ich glaube, beides ist wahr. Menschen können sehr soziale, mitfühlende und hilfsbereite Wesen sein. Und sie können andere angreifen und ausbluten lassen. Es können sogar dieselben Menschen beides tun.

So lässt sich erklären, wenn Nachbarn ihr Auto immer im Weg stehen lassen, aber im Herbst Quitten verschenken. Oder wenn junge Leute auf dem Bahnsteig rumpöbeln, aber dann einem Opa den Platz anbieten.

Wir sind eben keine Maschinen. Wir sind uneinheitlich, unlogisch, unzuverlässig. Klar, manche Menschen sind Egoisten, Narzissten, Gierhälse, Arschlöcher. Aber die sind in der Unterzahl. Dann gibt es auch reine Gutmenschen, Altruisten, Helfer. Die sind (leider) auch selten.

Der Rest von uns liegt irgendwo dazwischen. Mal Wolf, mal gut. Das heißt einerseits für mich: Ich kann immer wieder wählen, wie ich sein will. Es heißt zugleich in Bezug auf andere: Selbst wenn die sich heute mir gegenüber wolfig verhalten, lässt sich daraus nicht zwingend ein schlechter Charakter ableiten. Ich missbillige ihr Handeln, aber vorerst nicht ihr Wesen. Wölfe meinen es ja auch nicht böse, wenn sie ein Schaf reißen. Auch wenn das unschön ist für Schaf und Schäfer.

Andererseits, leider, leider, traue ich daher allen, die nett sind, auch Böses zu. Zumindest unter ungünstigen Bedingungen. Mein Vertrauen in die Menschen ist seit Hobbes ein wenig angeschlagen. Brauche ich deshalb gleich ganz viel Regierung, die dafür sorgt, dass alle alles richtig machen und jede*r jede*n in Ruhe lässt? Das ist mir ein bisschen viel Bevormundung.

Trotzdem leuchtet mir jetzt ein, warum es das Leben grundsätzlich vereinfacht, gut funktionierende politische Organe zu haben. Damit will ich nicht sagen, dass wir die durchweg hätten. Aber ich bin jetzt eher für Reformen als für weniger Staat.

WAS DIESER SATZ IHNEN SCHENKT:

Sozialen Halt. Realismus. Toleranz. Vorsicht.

39.
»Man kann die Welt nicht verändern, aber man kann seine Einstellung zu ihr verändern.«
(VIKTOR FRANKL)

Es regnet.

Viele Jahre meines Lebens habe ich darauf mit Frust und Enttäuschung reagiert. Mit Zorn und Empörung. Als wäre der Regen gegen mich persönlich gerichtet. Ein individuelles Scheitern. So habe ich es tatsächlich gesehen: Hätte ich nur mehr Geld, dann könnte ich irgendwo wohnen, wo es nie regnet!

Mal ganz abgesehen davon, dass Orte, an denen es nie regnet, gar nicht so sonderlich lebensfreundlich sind: Regen – und natürlich auch brutale Hitze – ist nie persönlich. Was für eine Hybris, auch nur unausgesprochen und gefühlt davon auszugehen, die Welt würde es regnen lassen, um mich zu ärgern!

Aber geärgert habe ich mich. Und wie!

Und in der Formulierung liegt bereits ein Teil der Lösung: *Ich* habe *mich* geärgert.

Nicht der Regen hat mich geärgert. Sondern ich mich.

Das ist jetzt natürlich nur ein lustiges Wortspiel von geringer linguistischer Flughöhe. Auch wenn man diesen Hinweis in Coaching-Workshops und Lebenswerkstätten immer wieder hört. Als wäre jeder Ärger unnötig und damit aus der Welt zu schaffen, dass man sich eben nicht mehr (selbst) ärgert.

Nur um es ganz klar zu sagen: Mancher Ärger ist sehr wohl berechtigt. Zudem ist Ärger, wie Angst, ein wichtiger Hinweis auf den eigenen Gefühlszustand.

Aber es gibt eben auch unnötigen oder unsinnigen Ärger. Wie den über den Regen.

Es regnet nun mal, ob es mir passt oder nicht, ob ich will oder nicht, und ich kann es nicht ändern. Mir steht nur frei, wie ich mich dem Regen gegenüber positioniere. Ich kann ihn doof finden oder toll oder ihn ganz ignorieren.

Diese Erkenntnis klingt, in Bezug auf den Regen, banal. Trotzdem ist sie oft schwer umzusetzen.

Viktor Frankls Bezugsgröße war jedoch eine ganz andere, und denkt man sie mit, bekommt die Aussage auf einmal deutlich mehr Substanz und Aufforderungscharakter. Der österreichische Neurologe und Psychiater Viktor Frankl wurde nämlich wegen seiner jüdischen Herkunft 1942 in das KZ Theresienstadt deportiert. Sein Vater starb dort, seine Mutter und sein Bruder in Auschwitz, seine Frau in Bergen-Belsen. Frankl selbst überlebte und wurde 1945 befreit.

Das wäre ja nun wirklich Grund genug, am Leben zu verzweifeln. Doch Frankl drehte den Spieß um und schrieb das Buch *Trotzdem Ja zum Leben sagen (Ein Psychologe erlebt das Konzentrationslager).* Er begründete die Logotherapie und Existenzanalyse, erhielt weltweit 29 Ehrendoktorate. Er heiratete noch einmal, schrieb über 30 Bücher, machte mit 67 Jahren den Pilotenschein. 1997 starb er in Wien.

Doch Frankls Position ist nicht nur auf ein sonniges Gemüt oder eine optimistische Disposition zurückzuführen. Sie stammt aus dem Buch *Der Wille zum Sinn*: »Aber der Grund dazu, unglücklich zu sein, wird damit noch lange nicht aus der Welt geschafft. In der Welt ändert sich ja nichts. Wie wäre es aber, wenn er seine Einstellung zur Welt änderte? Wie wäre es, wenn er Gebrauch machte von der Fähigkeit des Menschen, das Leiden in eine Leistung zu verwandeln?« Er sah seine Position also nicht so sehr als Glücksfall und Ausnahme, sondern als willentlich gezielt erreichbar an.

Seine Aussage ist eine Einsicht, die mir verschwistert zu sein scheint mit Jean-Paul Sartres Auffassung von Freiheit. In der Langfassung lautet Frankls Erkenntnis: »Eine der letzten menschlichen Freiheiten ist, seine Einstellung unter welchen Umständen auch immer frei wählen zu können und einen eigenen Weg wählen zu können.« Sogar, extrem gesagt, im Konzentrationslager, während die Nazis den Rest der Familie töten.

Man kann aufgeben. Man kann aufbegehren. Man kann versuchen, dem eigenen Leben nicht nur trotzdem, sondern vielleicht sogar »deswegen erst recht« einen Sinn zu geben.

Und genau das war Frankls Licht am Ende des Tunnels: Wer im Leben einen Sinn sieht, wer dem eigenen Leben aktiv einen Sinn abgewinnen oder geben kann, der hält nahezu jede Krise aus.

Dass es Frankl gelungen ist, sein eigenes Leiden in eine Leistung zu verwandeln, ist bewundernswert. Sein Verdienst liegt darin, aufzuzeigen, dass wir weit mehr Freiheit haben, als wir oft glauben, unsere Haltung zum Leben zu gestalten und ihm einen Sinn abzugewinnen. Die Schwäche seiner Theorie scheint mir jedoch in deren angenommener Allgemeingültigkeit zu liegen.

Frankl war der Ansicht, dass der Lebenssinn nicht einfach da ist, von außen gegeben. Sondern dass jede und jeder seinen eigenen Sinn finden müsse. Das könne auf dreierlei Weise geschehen: Indem wir etwas Außergewöhnliches tun, indem wir ein Werk erschaffen oder indem wir etwas oder jemanden in seiner ganzen Einmaligkeit und Einzigartigkeit erleben. Also, indem wir lieben. Hier grenzt seine Erkenntnis an die Position Erich Fromms.

Das hat natürlich alles viel mehr Wumms als mein Regentanz vom Anfang dieses Textes. Glücklicherweise sind die meisten von uns im Leben mit nur wenigen schlimmen Schicksalsschlägen konfrontiert. Umso ärgerlicher, wenn wir auf Alltagsärger große Emotionen verschwenden. Möglicherweise hätte Frankl dies als einen Auswuchs der von ihm kritisierten »Überflussgesellschaft« gedeutet. Harsch gesagt: Es geht uns so gut, dass wir gar nicht mehr zu schätzen wissen, wie gut es uns geht.

Vor dem Krieg betreute Frankl in Wien als Oberarzt bis zu 3000 suizidgefährdete Frauen jährlich. Depressionen und Suizid waren seine fachlichen Schwerpunkte. Er wollte also sicher nicht leichtfertig behaupten, man müsse sich nur zusammenreißen und das Gute sehen, dann wird's schon.

Trotzdem hat seine Aussage für mich einen solchen Beigeschmack. Ähnlich verhält es sich mit der Position vieler Meditationslehrer zur Vergebung. Diese wird in spirituellen Kreisen nachdrücklich empfohlen, um der Vergangenheit nicht mehr »verhaftet« zu bleiben.

Im Fall schwerer Traumata sind diese Tipps meiner Ansicht nach mit Vorsicht zu genießen, zumindest ohne therapeutische Begleitung. Was Frankl aber deutlich herausarbeitet, ist die Tatsache, dass wir oft nicht reflexhaft den Kopf in den Sand stecken und innerlich aufgeben müssen. Sondern wir können versuchen, eine möglichst hilfreiche Haltung einzunehmen. Die muss zu uns passen, das ist klar. Aber es geht meist mehr, als wir im ersten Moment annehmen.

Bin ich dadurch ein Regenfan geworden? Natürlich nicht. Aber trample ich immer noch wie ein kleines Kind auf den Boden, schüttle die Fäuste gen Himmel und bin persönlich enttäuscht und beleidigt? Auch nicht. So weit konnte ich meine Einstellung verändern, ohne mich im mindesten verbiegen zu müssen. Deshalb ist Frankls Hinweis für den alltäglichen Kleinkram meiner Ansicht nach noch weit hilfreicher als für die großen Probleme.

WAS DIESER SATZ IHNEN SCHENKT:

Entscheidungsspielraum. Innerliche Distanz. Lockerheit.

40.

»Eine resonante Weltbeziehung sperrt sich gegen Optimierung und ist nicht instrumentell herstellbar.«

(HARTMUT ROSA)

Ein Freund von mir arbeitet im gehobenen Management eines DAX-Unternehmens. Das hat viele Vorteile, vor allem was das Gehalt betrifft. Es hat aber auch einen großen Nachteil: Er hat nämlich das Gefühl, er sei nur ein leicht austauschbares Rädchen in einer großen Maschinerie. Marx hätte das vielleicht als moderne Variante der Entfremdung angesehen. Jedenfalls ist die Selbstwahrnehmung meines Freundes: »Es ist doch völlig egal, wer auf meinem Stuhl sitzt.«

Er fühlt sich machtlos und sieht keine Gestaltungsfreiheit in seinem Job.

Was ist daran so schlimm? Kann er doch einfach Dienst nach Vorschrift machen und die Kohle mitnehmen. Vor allem dann, wenn er wirklich leicht ersetzbar und es also wirklich egal wäre, was er einbringt oder nicht.

Warum sind uns solche Situationen nicht egal, sondern führen uns in Burn-out, (innere) Kündigung oder Depression?

Der in Jena lehrende Soziologieprofessor Hartmut Rosa erklärt das durch den Wunsch von Menschen nach »Resonanz« (so auch der Titel seines Buches darüber). Mithilfe dieses Sprachbilds möchte er aufzeigen, dass wir es anstreben, in einen echten Austausch mit anderen zu gehen. Viele Musikinstrumente besitzen einen Resonanzkörper. Im Alltag bezeichnen wir auch die Reaktion anderer als Resonanz. Daraus entsteht ein gemeinsamer Klang.

Der muss nicht zwangsläufig harmonisch sein. Aber er erfüllt zwingend vier Bedingungen: 1) Es dauert, solange es dauert. Resonanz gehorcht nicht der kapitalistischen Beschleunigungsforderung (»höher, schneller, weiter«). Resonanz entsteht immer nur in Echtzeit. 2) Resonanz lässt sich nicht erzwingen oder bewusst erzeugen. Wir können sie anstreben, aber es gibt keine sichere Optimierungsstrategie. 3) Resonanz ist immer höchst persönlich. Eine Geige klingt anders als eine Bratsche, und wenn ich Geige spiele, klingt es anders, als wenn Sie Geige spielen. Resonanz ist keine abstrakte, sondern eine individuelle und konkrete Erfahrung. 4) Resonanz ist nicht für sich allein möglich, sondern nur in dialogischen Beziehungen.

Mit anderen Worten: Es ist wichtig, wer handelt, was getan wird, wann, wie und wem gegenüber.

Rosa ist der Ansicht, die stetige Beschleunigung der Welt würde uns überfordern. Nun gab es solche Zweifel immer schon. Als die Eisenbahn erfunden wurde, wurde vielen der ersten Passagiere schwindlig. Aber sie gewöhnten sich dann relativ schnell daran.

Die Bedeutung von Rosas Ausführungen ist dennoch

klar. Menschen sind soziale Wesen. Wir können uns nur erkennen im direkten Kontakt zu anderen. Und dieses Menschsein lässt sich nicht optimieren. Wir können auf möglichst gute äußere Bedingungen hinarbeiten. Und manche Menschen sind schneller fertig. Manchmal läuft es im Leben einfach, und wir fühlen uns sicher gehalten. Manchmal brauchen wir dann wieder länger oder mehrere Anläufe.

Rosas Erkenntnis hat mir geholfen, die Vereinzelung der letzten Jahre neu zu sehen. Viele von uns können ganz oder zumindest teilweise von zu Hause aus arbeiten. Das spart Zeit und manchmal auch Nerven. Weil die sozialen Medien jeder und jedem von uns individuelle Häppchen ausspielen, gibt es auch kein gemeinsames gesellschaftliches Narrativ mehr. Stattdessen entsteht der Eindruck, die Menschen dort draußen wären mit uns einer Meinung, weil wir nur noch Inhalte angezeigt bekommen, die unseren Ansichten entsprechen. So kommt es dann in vielen kleinen Dosen zu einem Mangel an Resonanzerfahrungen.

Rosa selbst spricht sich ebenfalls nicht grundsätzlich gegen (Zeit-)Optimierung aus. Manche modernen Entwicklungen oder Erfindungen machen das Leben einfach leichter. Viele aber erhöhen zugleich unsere Reichweite. Mit dem Smartphone können wir jederzeit mit allen in Kontakt treten, alles nachschlagen. Das kann toll sein, es kann aber auch überfordern. Wichtig ist, selbst zu entscheiden, wann wir von der Beschleunigung profitieren. Und wann sie uns stresst und wir ein langsameres Tempo benötigen, um in Echtzeit Erfahrungen machen zu können.

Ich habe gelernt: Ja, ich möchte, dass es jemanden interessiert, ob sie oder er mit mir spricht oder mit jemand anders. Und ich möchte mit Leuten zu tun haben, die ich ebenso wenig als austauschbar ansehe. Das heißt konkret dann aber auch, sich beispielsweise die Zeit zu nehmen für den Small Talk vor oder nach dem Meeting. Oder es bedeutet, das eigene Unbehagen mit einer Anweisung vom Chef anzusprechen und eine Lösung zu suchen. Oder es heißt, sich um eine originelle Idee zu bemühen, die so eben nur von mir kommen kann.

Rosa hat mir geholfen, den direkten Kontakt nicht so sehr als Sand im Getriebe anzusehen, sondern ihn wieder zu schätzen.

WAS DIESER SATZ IHNEN SCHENKT:

Zeit. Persönliches Interesse. Unmittelbarkeit. Relevanz.

41.
»Der Mensch ist dazu verurteilt, frei zu sein.«
(JEAN-PAUL SARTRE)

Die Beziehung ist in Schieflage, das Gehalt stimmt nicht, die Klimakatastrophe naht. So gern würden wir etwas ändern, aber leider … Und natürlich liegt es immer an den anderen, dass unsere Pläne scheitern und die Wünsche unerfüllt bleiben. Manchmal fühlen wir uns frustriert und machtlos. Den Umständen ausgeliefert. Nichts läuft so, wie wir es gern hätten.

In einer solchen Situation sehnen wir uns nach Handlungsfreiheit – aber können keine erkennen. Das ist frustrierend und nervig. Für uns und alle um uns herum. Aber zugleich können wir unter dem Gejammer die Tatsache begraben, dass wir einfach nur nicht den unbequemen Weg gehen wollen. So schlimm, wie wir tun, ist die Lage offensichtlich nicht.

Denn, und das ist Sartres Geschenk an uns in diesen klebrigen Momenten, es ginge immer auch anders.

»Freiheit«, so Marius Müller-Westernhagen, »ist das Einzige, was zählt.«

Freiheit hat ein gutes Image. Warum also behauptet Sartre, der Mensch sei zur Freiheit »verurteilt«? Das klingt nicht sonderlich begeistert.

Und was genau meint er eigentlich mit Freiheit? Denn von der FDP über die Corona-Querdenker bis zur AfD reklamieren alle »Freiheit« für sich.

Ein Freund von mir fühlt sich in die Enge getrieben. Arbeit, Familie, keine Zeit für sich. »Ich fühle mich unfrei«, sagt er.

Eine Freundin weiß nicht mehr weiter. Ihre Mutter mischt sich übergriffig in alles ein. »Ich habe schon alles versucht – sie hört einfach nicht auf«, stöhnt sie.

Oft haben wir den Eindruck, einfach funktionieren zu müssen. Handlungsspielraum: null.

Der französische Philosoph Jean-Paul Sartre (1905–1980) war anderer Meinung. Zu seinen wichtigsten Werken gehört *Das Sein und das Nichts*, erschienen 1943. Sartres Ziel bestand darin, ausgehend von der beobachtbaren Welt (der sogenannten »Phänomenologie«) das Sein zu analysieren. Das ist eine »Ontologie«: die Lehre vom Sein beziehungsweise vom Seienden. Wobei die Philosophen durchaus darüber streiten, ob das »Seiende« und das »Sein« dasselbe sind.

Für Sartre war das jedoch so. Aus seiner Sicht gab es genau eine Welt, nämlich die, in die wir ungefragt hineingeboren worden sind. Und nun, einmal da, erklärte er im Vortrag »Ist der Existenzialismus ein Humanismus?«, bliebe uns nichts anderes übrig, als mit dem Leben irgendwie klarzukommen.

Qua Geburt sind wir alle somit zum Sein »verurteilt«. Denn: Sein ist gar nicht so einfach. Ständig müssen wir irgendwas tun. Natürlich können wir auch nichts tun. Aber was auch immer wir tun (oder nicht tun) – es ist unsere freie Entscheidung. Wir *müssen* uns entscheiden, dies oder das (oder eben: nichts) zu tun. Das meint er mit »verurteilt«. Wir sind durch äußere Umstände gezwungen, andauernd und immer wieder unsere Freiheit zu praktizieren. Daran hat unser Geboren-worden-Sein schuld.

Können wir also mit dem Finger auf unsere Eltern zeigen und sagen: Ich wollte ja nicht geboren werden, also tragt ihr die Verantwortung für mein Handeln? Nein, sagt Sartre. Denn wir hätten ja die Möglichkeit, uns umzubringen. Also entscheiden wir uns rückwirkend dafür, am Leben zu sein. Damit übernehmen wir dafür auch die Verantwortung. Und weil das so ist, ob es uns nun passt oder nicht, ist es eben eine »Verurteilung«.

Was nützt uns das im Alltag? Erstens befreit mich diese Sichtweise von allen Vorgaben. Ich bin frei. Ob ich will oder nicht. Ich bin allein verantwortlich für alles, was ich tue. Das heißt dann auch: Ich kann tun, was ich will. (Genau genommen heißt es: Ich tue sowieso immer, was ich will. Weil es gar nicht anders geht.) Die Kunst besteht nun darin, zu tun, was wir tun *möchten*. Denn das können und dürfen wir.

Das ist natürlich kein Freifahrtschein für Egoisten und Narzissten. Obwohl es erst mal so klingt. Warum nicht? Weil jedes Handeln Konsequenzen hat. Verstoße ich gegen Gesetze, werde ich bestraft. Will ich alle nach meiner

Pfeife tanzen lassen, werde ich nur wenige Freunde finden. Ja, ich kann mich unmoralisch oder gierig verhalten – ich bin so frei. Aber will ich das wirklich? *Das* ist die große Frage, die Sartre uns stellt. Mein Handeln hat mich zu dem Menschen gemacht, der ich jetzt bin. Sartre sagt: Die Existenz geht der Essenz voraus. Ich bin zuerst *da* (ich existiere), dann stelle ich mein Wesen (die Essenz) selbst her.

Das widerspricht der allgemeinen Auffassung davon, wie Menschen sind. Die meisten von uns sind der Ansicht, Menschen hätten eine Art Persönlichkeitskern, dem wir mehr oder weniger gerecht werden können. Wir sind aufgefordert, die Besonderheit unseres Seins zu entdecken und zu entfalten. Nietzsche sagte: »Werde, der du bist.« Darin steckt eine Idee, die sich in vielen Erzählungen, Büchern und Filmen wiederfindet. Wenn es uns gelänge, uns selbst ganz und gar treu zu sein, würde alles gut. Dann kriegen wir den Job, den Partner oder die Partnerin, finden das Lebensglück.

Sartre sieht es genau andersherum. Für ihn sind wir alle zu Beginn des Lebens unbeschriebene Blätter. Die Geschichte unseres Lebens schreiben wir dann selbst durch unsere Entscheidungen.

Aber, könnte man nun einwenden, ich kann doch gar nicht alles machen, was ich gern machen würde! Ich bin überhaupt nicht frei!

Doch für den Existenzialisten besteht Freiheit nicht darin, möglichst viele Wahlmöglichkeiten zu haben. Genau deshalb sind wir zur Freiheit »verurteilt«: Solange wir uns gegen den Suizid entscheiden, haben wir gewählt, was immer die Alternative darstellt. Auch wenn sie uns ganz und gar nicht gefällt. Freiheit in diesem Sinne heißt also nicht, dass wir uns zwischen Optionen entscheiden können, die uns mehr oder weniger zusagen. Sondern nur, dass es überhaupt Optionen gibt. Und das ist immer der Fall, solange wir leben.

Daher zählt Sartre die Freiheit auch nicht zu den Eigenschaften eines Menschen. Sondern für ihn fallen Mensch sein und frei sein zusammen. Frei sein ist wie Atmen: Wer lebt, atmet. Genauso gilt: Wer lebt, ist frei.

Sartre formuliert das komplexer. Er sagt: Dinge existieren einfach so. Das nennt er »an sich«. Und Menschen können sich selbst wahrnehmen, das nennt er »für sich«. Weil wir Menschen dieses Bewusstsein von uns und unserer Umwelt haben, könnten wir uns auch ein »Nichts« vorstellen. Das Nichts komme erst durch die Menschen in die Welt.

Wir können uns vergegenwärtigen, was irgendwo nicht ist. Und wir können uns auch vorstellen, selbst nicht zu existieren. Das, sagt Sartre, sei Freiheit.

Die Option, dem Leben einfach seinen Lauf zu lassen, ist für Sartre identisch mit der freien Wahl, sich dem Zufall und der Mehrheitsmeinung auszuliefern. Freiheit zeige sich gerade im Widerstreit mit der gegebenen Welt.

Dieser Zwang zur Freiheit würde bei den Menschen primär ein Gefühl der Angst auslösen. Weil wir niemanden als uns selbst für den bisherigen und zukünftigen Verlauf unseres Lebens verantwortlich machen können. Wir sind also allein(verantwortlich). Einen Sinn kann unser Leben nur bekommen, indem wir ihn ihm geben. Er lässt sich nicht entdecken oder herausfinden. Dazu müsste er ja vorher schon da sein, versteckt wie ein Osterei. Wer diese Gestaltungsfreiheit aktiv nutzt, lebt authentisch, sagt Sartre.

Der Tod hingegen macht ihm schlussendlich argumentativ einen Strich durch die Rechnung. Denn er liegt außerhalb der Reichweite unserer Freiheit. Er begrenzt unser Handeln faktisch, obwohl wir nicht vorhersehen können, in welchem Umfang.

Wir sind zur Freiheit »verurteilt«, weil wir nicht um sie gebeten haben. Sie ist einfach Teil unseres Seins. Diese Freiheit müssen wir uns nicht nehmen oder erarbeiten. Angela Merkel hätte gesagt: Sie ist »alternativlos«.

Wenn wir durch unser Tun erst unser Sein bestimmen, durch unser Handeln die Persönlichkeit erzeugen: Ist es dann nicht höchste Zeit, Schluss zu machen mit allen Ausreden und genau die oder der zu werden, die oder der wir gern sein möchten?

WAS DIESER SATZ IHNEN SCHENKT:

Selbstwirksamkeit. Eigenverantwortung. Freiheit (jedenfalls das Bewusstsein der Freiheit, die Sie ohnehin haben).

42.
»Wir treffen unsere Entscheidungen mit Blick auf die eigene Endlichkeit.«
(MARTIN HEIDEGGER)

Neulich fragte mich eine Freundin: »Was willst du noch tun, bevor du stirbst?« Die sogenannte »Bucket-List« ist ja mittlerweile ein gängiges Gesprächsthema. Sie hatte noch mehrere Reisen vor, ein paar kleinere Abenteuer (Fallschirmsprung, 7-Tage-Wanderung). Meine Antwort lautete: »Ich möchte einen substanziellen Beitrag zur Verlangsamung der Klimakrise leisten.«

Die meisten von uns fragen sich dann und wann, was sie machen sollen/wollen/können mit dem Rest des Lebens. Und genau das unterscheidet uns von den Tieren. Zumindest von den allermeisten. Was weiß ich, was Menschenaffen denken, wenn sie mal Zeit dazu haben? Aber ich wage zu bezweifeln, dass unsere Hauskatze langjährige Pläne schmiedet.

Existieren, sagte der Philosoph Martin Heidegger, heißt, manche Möglichkeiten zu wählen und andere nicht. Die letzte dieser Möglichkeiten, so die Kernthese im Abschnitt »Das Sein zum Tode und die Alltäglichkeit des Daseins« in *Sein und Zeit* ist der »jemeinige« Tod, bei dem es ganz und gar nur um mich geht. Angesichts dieser Erkenntnis, so Heidegger, eröffne sich dem Dasein ein abgesteckter Entscheidungsraum, innerhalb dessen es existiert. Der Tod ist für ihn nicht einfach ein letztes Geschehnis, sondern strahlt auf die Existenz des Daseins zurück. Die Sterblichkeit und Endlichkeit des Daseins bestimmen dieses schon während seines Lebensvollzugs. Diese Gesamtstruktur nennt Heidegger das »Sein zum Tode«.

Heidegger ist umstritten, weil er Mitglied von Hitlers NSDAP war, also Nationalsozialist. Seine Erkenntnisse sind dennoch so relevant, dass die Philosophie ihn nicht ignorieren kann, so gerne sie würde.

Heidegger hat viele Wörter erfunden, um seine Gedanken verschriftlichen zu können. Er sprach von der »Geworfenheit« unseres Daseins: Wir kommen ungefragt auf diese Welt, sind in sie hinein »geworfen« und müssen nun damit irgendwie klarkommen. Er bezeichnet das Dasein als ein »In-der-Welt-sein«, was erst mal ein bisschen kindisch klingt, aber auf den zweiten Blick die sehr konkrete Ausprägung des echten Lebens gut fasst.

Heidegger wies auch darauf hin, dass viele Dinge mehr sind als nur ihre materiellen Bestandteile. Ein Hammer beispielsweise ist nicht ein Ding aus Holz und Eisen. Sondern es ist »ein Ding zum Hämmern«. Im Hammer steckt also bereits seine Funktion mit drin. Ein Hammer, mit dem man nicht hämmern könnte, wäre sinnlos. Und niemand würde Hammer herstellen oder haben wollen, wenn niemand hämmern wollte.

Wichtig für ihn war auch die »Jemeinigkeit«: Jede Existenz ist immer individuell. Alle relevanten Erfahrungen sind unhintergehbar persönlich: »jemeinig«. So auch der Tod. Niemand kann für mich sterben, an meiner Stelle. Und ich kann nicht den Tod einer anderen Person so erleben wie diese.

Und weil wir nun so wahnsinnig schlaue und weitsichtige Menschenwesen sind, sehen wir den Tod kommen. Wir wissen, dass wir sterben werden. Und trotz aller Wichtigtuer, die sich einfrieren lassen in der Hoffnung, irgendwann aufgetaut und wiederbelebt zu werden, ist klar: Der Tod ist unvermeidbar. Aber er zählt für Heidegger noch zu den Dingen, die wir im Leben gestalten können, zu unseren »Möglichkeiten«. (Während der Tod für Jean-Paul Sartre beispielsweise nur ein großer Spielverderber ist, der ungefragt reinplatzt, den Stecker rauszieht, und tschüss.)

Das heißt: Heidegger war der Ansicht, wir könnten unser Leben einschließlich des Sterbevorgangs in irgendeiner Weise mitbestimmen. Weil wir darum wissen, strahlt der Tod quasi von hinten her auf das Dasein zurück. Schon während wir leben, bestimmt die Tatsache, dass wir sterben werden und dass wir wissen, dass wir sterben werden, unser Leben. Eine »Bucket-List« ist dafür ein wunderbares Beispiel. Bucket-Lists wären unnötig, wenn wir ewig leben würden. Und sie wären unvorstellbar, wenn wir nicht wüssten, was »Zukunft« ist.

So aber können wir Entscheidungen treffen darüber, was wir vor dem Tod alles erledigt haben wollen. Diese

Entscheidungen wiederum beeinflussen auch, wie wir sterben – friedlich oder abwehrend, gesund oder schwer krank. Heidegger sagt nicht, dass wir alles kontrollieren können. Er sagt nur, dass wir de facto Einfluss nehmen auf unser Leben in einer Weise, die auch geprägt ist durch unser Wissen um das irgendwann eintretende Ende. Das nennt er »das Sein zum Tode«. Wir leben das Leben, wie alle Wesen, in Richtung Tod. Weil uns das aber bewusst ist, gestalten wir es auf eine Weise, die durch dieses Wissen beeinflusst ist.

Das kann man nun depri finden, wie überhaupt das ganze Thema Sterben und Tod. Oder befreiend. Weil wir so eine gut begründbare Referenz für viele Entscheidungen haben. »Ich möchte XY gemacht haben, bevor ich nicht mehr bin, also muss ich es einplanen und mich dafür ins Zeug legen.« Weil wir wissen, dass das Leben endlich ist, haben wir keine Zeit zu verlieren oder zu verschwenden. Und wenn, dann sollte das auch zu den Dingen gehören, die wir vor dem Tod noch erledigen wollen.

Die richtige Balance zu finden und nicht in Panik zu verfallen und bis zum Burn-out Erlebnisse aufeinanderzuhäufen, ist uns überlassen – und nicht leicht.

Besonders spannend finde ich Heideggers Erkenntnis übrigens in der zweiten Lebenshälfte. Da haben wir schon manches erlebt und einige Rechnungen mit dem Leben offen. Vieles hat vielleicht schon geklappt, anderes noch nicht. Welche dieser Baustellen wollen wir nun weiterbearbeiten, und von welchen wollen wir uns verabschieden? Bei dieser Überlegung hilft mir die Besinnung darauf, dass wir – ob wir wollen oder nicht – um unsere Sterblichkeit wissen und diese immer mitdenken.

Davon kann man sich natürlich, wie auch von der Klimakrise, zu beschleunigtem Hedonismus anstacheln lassen. Noch mal schnell auf die Malediven, solange es sie noch gibt. Jede Party, jedes Essen, alles mitnehmen. Vollgas! Ich halte das für die verkokste (sorry, ich meine natürlich: verkorkste) Deutung. Heidegger, der zurückgezogen im Schwarzwalddorf Todtnauberg lebte, hatte sicher anderes im Sinn. Vielleicht wollte er einfach nur darauf hinweisen, dass jedes Leben einzigartig ist und bewusst gelebt werden sollte. (Und, ja, das beißt sich ein wenig mit seinem Verhältnis zur NSDAP und zum Nationalsozialismus.) Vielleicht können wir von ihm auch einfach nur lernen: Es gibt gute Gründe für Bucket-Lists. Wir sollten sie ernster nehmen, als wir das bisher tun, und sie »jemeinig« individualisiert befüllen.

WAS DIESER SATZ IHNEN SCHENKT:

Perspektive. Weitsicht. Langen Atem.

43.

»Das Bessere ist der Feind des Guten.«

(VOLTAIRE)

Als Kind nahm mich meine Mutter manchmal mit auf eine merkwürdige Einkaufstour. Wir fuhren in einen schmucklosen Vorort zum, wie ich heute weiß, Direktverkauf eines Delikatessenimporteurs. In dem ebenso schmucklosen Verkaufsraum stand ein Aquarium mit Hummern, eine Kühltheke mit Austern. Es gab verschiedene Kaffee- und Schinkensorten. Es roch, fand ich, sehr merkwürdig.

Meine Mutter kaufte Parmaschinken. Den gibt es heute sogar bei manchen Discountern, damals nicht. Abends wurde der Schinken eine halbe Stunde vor dem Essen aus dem Kühlschrank geholt, um Zimmertemperatur annehmen zu können. Dadurch wurde der Fettrand noch fettiger und schwabbeliger. Ich bekam zwar auch eine Scheibe, aber ich fand den Schinken glitschig, und auch sein Geschmack überzeugte mich nicht.

Heute sehe ich das anders. Aber mittlerweile esse ich ja auch Blauschimmelkäse. Austern hingegen finde ich immer noch widerlich, und Hummer brauche ich ebenso wenig zum Glück.

Der französische Philosoph war auch ein genusssüchtiger Lebemann. Möglicherweise war seine Erkenntnis also schlicht eine lebensmittelqualitative Aussage. Sie ist längst zum geflügelten Wort aufgestiegen.

Doch ist der Satz wirklich immer richtig?

Schon beim Essen und bei Getränken kommen Diskussionen auf. Was dem einen eine Delikatesse, halten andere für Tierquälerei (von Foie gras bis Affenhirn), manche auch einfach nur für ekelhaft. Bei Weinen wird es noch schwieriger. Haben Sie mal so einen richtig alten teuren Tropfen verkostet? Dafür muss man manchmal schon wissen, was auf dem Etikett stand und wie hoch der Preis war. Laien würden die bittere Brühe lieber wegkippen.

Außerdem schmeckt, erstens, nicht allen alles. Siehe meine Abneigung gegen Parmaschinken in der Kindheit. Zweitens lässt sich nicht alles in Hitlisten einordnen. Drittens wären die Hitlistenplätze nicht vergleichbar. Ist Parmaschinken »besser« als Duroc-Schinken? Lieber Rohschinken oder gekochter? Ist bio besser als konventionell, auch wenn teurer und im Einzelfall vielleicht nicht so lecker? Was ist mit Äpfeln oder Birnen, Chips oder Eiscreme?

Es ist offensichtlich, dass es zahlreiche Qualitätsmerkmale geben kann, etliche davon subjektiv.

Vielleicht ist der Grundsatz eher allgemeingültig als für die Feinarbeit gedacht? Besser ist halt besser als schlechter, das sagt ja schon das Wort. Und auf dem Kontinuum von schlecht zu gut markiert ›besser‹ die Richtung von schlecht nach gut. Dann wäre »besser« im Grunde nicht der Feind des Guten, sondern des Schlechten.

Genau an dieser semantischen Stelle erklärt sich, warum uns der Satz fasziniert. Er ist eigentlich falsch, zumindest verwirrend. Zugleich eine Tautologie. Denn jede*r versteht, was gemeint ist: Das Bessere ist besser. Das liegt aber schon im Wort selbst.

Auch lustige Wortspiele ermöglicht Voltaires Satz: Wenn man »das Gute« als das Gute an sich versteht, dann ist »das Bessere« natürlich nicht der Feind des Guten, sondern sein Freund. Wait, what? Ein Beispiel: Das EU-Lieferkettengesetz soll dafür sorgen, dass Produkte nicht mehr unter unmenschlichen Bedingungen hergestellt werden. Das ist gut. Es ist sicher auch besser als vorher, wo es keine Gesetzesgrundlage dafür gab. Also ist das Bessere (das neue Gesetz) nicht der Feind »des Guten« (nämlich der Menschenrechte), sondern Ersteres schützt Letzteres.

Ebenso kann man den Ausspruch als ein Produkt der kapitalistischen Steigerungslogik ansehen. Oder als Aufforderung zu grenzenlosem Perfektionismus, also de facto Größenwahn.

In der Kindererziehung ist längst nachgewiesen, dass Eltern nur »gut genug« sein müssen, damit die Kinder gut heranwachsen können. »Besser« ist hier nicht etwa »der Feind des Guten«, sondern eine unnötige Überforderung.

Ebenso gibt es unter Umständen »zu viel des Guten«. Das zeigt sich beispielsweise an der zunehmenden Mehrgewichtigkeit in den Industrienationen. Für andere Menschen auf der Welt wären mehr Kalorien durchaus besser – aber für diese sind sie es nicht.

Organisationspsychologisch lässt sich auch zeigen, dass

Menschen gar nicht jede Verbesserung als »besser« ansehen. Denn derartige Vorgaben entwerten ihr bisheriges Handeln. Überdeutlich wird das zum Beispiel bei der Verteidigung der DDR (oder Jahrzehnte zuvor auch der Hitlerzeit) mit dem Argument: »Es war nicht alles schlecht!« Denn das heißt ja umgekehrt: Selbst wenn jemand anerkennt, dass es jetzt besser ist, fällt es trotzdem schwer, die Wendung sportlich zu nehmen. Ähnliches lässt sich in Unternehmen bei den mittlerweile »Change Management« getauften Prozessen vielfach beobachten.

Ich mag Voltaires Satz aus seinem *Philosophischen Wörterbuch* deswegen, weil er einerseits so offensichtlich richtig ist. Was ich besser finde als etwas anderes, wird das andere – wenn möglich – verdrängen. Zumindest für mich.

Und zugleich zeigen sich hier so überdeutlich die von dem Franzosen sicher nicht mitgemeinten Exzesse der Gegenwart. »Mehr« ist eben nicht immer »besser«. Ich glaube, daran liegt es. Voltaires Aussage ist eine gute Gelegenheit, unsere Bewertungen einmal zu hinterfragen.

Und was wir danach immer noch besser finden, auch zu genießen. So wie ich, mittlerweile dann und wann, Parmaschinken.

WAS DIESER SATZ IHNEN SCHENKT:

Einen Maßstab. Vergleichbarkeit. Abstand.

44.

»Ein Esel steht zwischen zwei gleich großen und gleich weit entfernten Heuhaufen. Er verhungert schließlich, weil er sich nicht entscheiden kann, welchen er zuerst fressen soll.«

(JOHANNES BURIDAN)

Vanille oder Schokolade, Kiel oder Konstanz, bleiben oder gehen? Angeblich treffen wir bis zu 20 000 Entscheidungen pro Tag. Manche fallen uns leicht, andere schwer. Und manche lähmen uns komplett.

Manche Leute brauchen im Restaurant ewig, um sich zu entscheiden. Und schauen am Ende doch neidisch auf die anderen Teller.

Andere tun sich schwer mit allzu weitreichenden Entscheidungen: Kind, Haus und Garten – oder lieber ein abwechslungsreiches Singledasein in der City? (Mal ganz abgesehen davon, dass die Alternativen ja im Regelfall nicht so binär sind, wie sie uns oft erscheinen.)

Ich selbst gerate gern in Optimierungsschleifen: Welches ist das aber nun wirklich allerbeste Konto, das perfekte Handy, die ideale Esstischlampe? Vor lauter Vergleichen können da auch mal ein paar Monate oder – im Fall der Esstischlampe – auch mal Jahre vergehen. In denen ich nicht glücklicher werde mit dem Status quo.

Da hilft die Geschichte von Buridans Esel.

Wobei die im Werk des namensgebenden französischen scholastischen Philosophen Jean »Johannes« Buridan (um 1300 – um 1358) gar nicht zu finden ist. Warum heißt die Story trotzdem so? Ich weiß es auch nicht. Wobei er den gleichen Sachverhalt mehrfach in anderen Worten anspricht.

Wie auch immer. Ein Esel steht zwischen zwei Heuballen, kann sich nicht entscheiden – und verhungert. *The End.*

Eine deutlich charmantere Version verfasste der persische Philosoph Al-Ghazālī (um 1055–1111): »Wenn ein durstiger Mann auf zwei verschiedene Becher Wasser zugreifen kann, die für seine Zwecke in jeder Hinsicht gleich sind, müsste er verdursten, solange einer nicht schöner, leichter oder näher an seiner rechten Hand ist.«

In dieser Variante wird ein wichtiger Faktor betont. Das Problem tritt nur dann auf, wenn es keinen für uns erkennbaren Vorteil der einen oder der anderen Option gibt. Wenn wir also keine Präferenz entwickeln können.

Das kann bedeuten: Beide Möglichkeiten (Heuballen, Wasserbecher, Gerichte, Städte, Lebensentwürfe) sind gleich gut und gleichermaßen erstrebenswert.

Im Regelfall bedeutet es aber eher: Es ist völlig egal, Mittagstisch 1 oder 2, das eine oder das andere Handy, Wandfarbe Grün oder Terrakotta … jede dieser Optionen ist okay. Oder die Wahl ist egal aus einem anderen Grund: Umzug nach Süden oder nach Norden, konservativer oder progressiverer Lebensentwurf – niemand kann vorher wissen, wie es hinterher gewesen sein wird. Wir suchen verzweifelt nach Argumenten, aber wir könnten genauso gut eine Münze werfen.

(In den Gleichnissen sind es übrigens zwar nur zwei Heuballen oder Wasserbecher, aber natürlich funktioniert die Entscheidungslähmung auch mit drei oder noch mehr Optionen. Der Kauf eines neuen Fernsehers, Grills, Autos, Föns, Staubsaugers oder auch nur eines neuen Shampoos sind entsprechende Beispiele, ähnlich die Auswahl eines neuen Girokontos, Telefonanbieters, Internetproviders. Bonusproblem: Experimentell lässt sich zeigen, dass zu viel Auswahl die Entscheidungsfindung behindert, das ist das sogenannte »Auswahl-Paradox«. Aber das nur am Rande.)

Vom verhungerten Esel habe ich also gelernt: Wenn ich unverhältnismäßig lange über einer Entscheidung grüble, immer wieder von vorne anfange, mich argumentativ im Kreis drehe – dann sollte ich prüfen, ob sie im Grunde nicht vollkommen banal ist. Das passiert gern, wenn ich mich eigentlich um ganz andere Dinge kümmern müsste, zum Beispiel das Verfassen von Büchern. Da gibt es Tage, da ist jeder Mist eine optimale Ablenkung.

Wenn das so ist, entscheide ich einfach irgendwie. Notfalls werfe ich tatsächlich eine Münze.

Ist es ein Problem, das sich schlicht nicht beurteilen lässt, weil die Zukunft so verdammt unvorhersagbar ist, versuche ich herauszuarbeiten, welche Befürchtung (oder Hoffnung) mir die Überlegung so schwer macht. Also: Wo liegt der Hase im Pfeffer? Wenn das nicht gelingt, ist der nächste Schritt, auf mein Bauchgefühl zu hören, selbst wenn das die »gewagte Option« favorisiert (was immer das jeweils heißen mag). Wenn sowieso niemand sagen kann, was besser ist, kann ich auch tun, was ich gern tun möchte.

Ist auch das unklar, werfe ich eine Münze. Manchmal wird schon beim Drehen der Münze klar, was ich mir für ein Ergebnis wünsche. Manchmal schaue ich auf Kopf oder Zahl und denke mir: Okay, meinetwegen – oder auch: Nee, Mist, das will ich eigentlich gar nicht.

So oder so oder so komme ich auf diese Tour einem Zustand wieder näher, der mich wieder handlungsfähig macht.

Klar musste Buridans Esel mit dem Risiko leben, dass die beiden Heuballen zwar gleich lecker aussahen, aber es nicht sind. Sondern dass in dem einen vielleicht noch ein Kern aus Schokolade steckt. (Okay, das ist jetzt vielleicht mehr mein Wunsch als der des Esels.) Aber das kann er nicht wissen, und keine Schokolade ist allemal besser als verhungern.

Oh, und wenn ich mit Personen konfrontiert bin, die sich bei Entscheidungen auf diese Weise selbst lähmen, dann ist es, so meine Erfahrung, gar nicht so besonders hilfreich, auf sie zu zeigen und laut »Buridans Esel« zu rufen. Besser erscheint es mir inzwischen, den Moment der unfreiwilligen Ruhe zu genießen und liebevoll die Unsicherheit der anderen auszuhalten. Und wenn ich bei meinen Sachen auch mit der Münze nicht weiterkomme, versuche ich das mittlerweile mir gegenüber ebenfalls.

WAS DIESER SATZ IHNEN SCHENKT:

Entscheidungsfreiheit. Optionen. Mut zur Willkür.

45.

»Es gibt keine Tatsachen, nur Interpretationen.«

(FRIEDRICH NIETZSCHE)

Impfungen helfen, und Russland hat den Krieg gegen die Ukraine angefangen.

Sind das nun Tatsachen – wie der Preis von 1 Kilogramm Zucker oder die Schwerkraft – oder Meinungen?

Und was ist überhaupt eine Tatsache?

Darüber haben sich in den letzten Jahren gute Freunde zerstritten und Familien entzweit.

Friedrich Nietzsche (1844–1900) ist umstritten und schwer verständlich. Aber worauf er hier in den *Nachgelassenen Fragmenten* verweist, ist doch auf alle Fälle, dass die Interpretation – die Deutung – höchste Relevanz hat: »Gegen den Positivismus, welcher bei den Phänomenen stehn bleibt ›es gibt nur *Tatsachen*‹, würde ich sagen: nein, gerade Tatsachen gibt es nicht, nur *Interpretationen*. Wir können kein Faktum ›an sich‹ feststellen: vielleicht ist es ein Unsinn, so etwas zu wollen.«

Trump und Putin haben in den letzten Jahren zahllose Lügen erzählt. Starlets haben versucht, durch Doku-Serien die sogenannte »Deutungshoheit« über ihre Lebensgeschichte zurückzuerobern. Fake News verbreiten sich nachweislich in den sozialen Medien erheblich schneller als Faktenwissen. Tabakhersteller und Ölfirmen haben wider besseres Wissen Zweifel gesät an der Gesundheits- und Umweltschädlichkeit ihrer Produkte.

Das sind nur einige Beispiele dafür, dass die Interpretation für die Rezeption der wichtigste Faktor ist. Wenn nicht sogar der einzige.

Wo Nietzsche sicher recht hat: Wir können »Tatsachen« nicht als solche wahrnehmen, sondern wir interpretieren immer nur, was wir sehen, hören, riechen, lesen. Daraus erzeugen wir ein möglichst schlüssiges Bild der Realität. Doch das ist sicher nicht deckungsgleich zwischen zwei Personen.

Wir alle interpretieren. Es geht gar nicht anders. Und die Interpretation bestimmt unser Bild von der Welt.

Das kann zu Problemen führen.

In den letzten Jahren haben sich immer mehr Menschen beleidigt auf ihre subjektive Interpretation der Welt zurückgezogen. Der zunehmende Glaube an Verschwörungstheorien wie die vom »großen Reset« zeigt das. Angeblich wollen die Superreichen Hand in Hand mit den politischen Eliten den Rest der Menschheit irgendwie an die Leine legen. Wie genau und warum – das weiß man nicht. Sprechen Tatsachen dafür? Nein. Genau das zeige aber, wie geschickt die Maßnahmen durchgeführt würden!

Immer mehr Menschen glauben, die Erde sei eine

Scheibe und die Mondlandung eine Hollywoodproduktion gewesen.

Wie kann man dagegen argumentieren, wenn Fakten auch nur Meinungen sind?

Auch im Alltag begegnet uns das Phänomen. Der Freund hat den Müll nicht rausgebracht. Er ist gemein und liebt mich nicht! Die Chefin guckt im Meeting so komisch – die hat es bestimmt auf mich abgesehen!

Ich tu mich generell schwer mit Nietzsche. Mir ist nie so ganz klar geworden, was er eigentlich sagen will. Darin, so scheint mir, liegt gerade sein Appeal. Er ist sozusagen der Dieter Bohlen der Philosophie. Seine markigen Statements klingen oft gut und sind jedenfalls unterhaltsam. Aber hat er recht?

Was unterscheidet Tatsache und Interpretation? Eine Tatsache wäre unbezweifelbar der Fall. Nun wissen wir alle, dass der Wissensstand sich ändern kann. Die Sonne rotiert nicht um die Erde, und die Seele sitzt nicht in der Zirbeldrüse. Trotzdem muss man doch nicht gleich das Kind mit dem Bade ausschütten.

Nietzsche selbst geht sogar noch weiter. Nicht nur Tatsachen bestreitet er, sondern auch die Subjektivität: Auch das Subjekt selbst sei schon etwas Hinzugedichtetes.

Auf der anderen Seite gibt es Philosophen wie Markus Gabriel, die von »moralischen Tatsachen« sprechen und die auf eine Stufe stellen mit Wasserstoffmolekülen, Pflanzen und Tieren. Ja, was denn nun?

Insofern legt Nietzsche dann doch den Finger in die Wunde. Wie sicher können wir sein, dass das, was wir als

»Tatsache« ansehen, wirklich eine ist? Bleibt nicht ein Rest Zweifel, muss nicht ein Restzweifel immer möglich sein? (Aber ein Rest Zweifel ist eben etwas ganz anderes als eine angeblich gleich wahrscheinliche »alternative Wahrheit«.)

Sinnvoll ist es, zu reflektieren, was wir als Tatsachen ansehen – und warum. Wenn wir die Welt nur durch unsere Augen und mithilfe menschengemachter Messinstrumente wahrnehmen können – woran entscheide ich mich fest zu glauben? Was bildet die Mitte meines Weltbildes? Woran verankere ich weitere Annahmen und Schlussfolgerungen? Wo bin ich unsicher, wo weiche ich auf Intuition aus, wo bleibt bloß noch ein leicht manipulierbares Gefühl?

Vielleicht wäre es besser, anstelle von »Tatsachen« vom »derzeitigen Stand des Wissens« zu sprechen.

Sie merken, ich hadere mit diesem Satz von Nietzsche. Warum halte ich ihn trotzdem für eine wichtige Erkenntnis und für hilfreich? Weil er uns anregt, zu hinterfragen: Was meine ich, wenn ich von einer Tatsache spreche, von Fakten? Ist es nur der Versuch, meine Interpretation zu objektivieren? Oder habe ich gute Gründe für eine Sachbehauptung?

Umgekehrt fällt es mir jetzt auch leichter, mich aus Schleifendiskussionen mit Menschen zu lösen, die eben jede vorstellbare Interpretation als gleichwertig präsentieren wollen. Ich werde sie nicht überzeugen, sie mich auch nicht, da müssen wir durch – und uns nicht daran abarbeiten. Mit Nietzsches Einwand im Hinterkopf fällt es auch leichter, zu erkennen, was die politischen oder industriellen Lügner wollen: die allgemeine Interpretation zu ihren Gunsten manipulieren.

Für eine eigene Position genügen heute oft Gefühle. Doch es ist ein Unterschied, ob jemand wütend ein Argument anbringt – oder einfach nur wütend ist. Ist jemand einfach nur wütend, kann man nirgends einhaken. Eine Diskussion über den Wahrheitsgehalt von Gefühlen liegt irgendwo zwischen zwecklos und unmöglich.

Und in der gedanklichen Schmalspurigkeit des Alltags ist Nietzsches Behauptung zudem eine schöne Anregung, die eigene stille Herleitung der für wahr erachteten Tatsachen zu überprüfen. Nur mal angenommen, mir so erscheinende Tatsachen wären gar keine, sondern nur eine Interpretation. Welche vernünftigen weiteren Deutungen kommen dann sonst noch infrage?

WAS DIESER SATZ IHNEN SCHENKT:

Distanz. Offenheit. Genauigkeit.

46.
»Die Philosophen haben die Welt nur verschieden interpretiert; es kommt darauf an, sie zu verändern.«
(KARL MARX)

»Einen guten Journalisten erkennt man daran, [...] dass er sich nicht gemein macht mit einer Sache, auch nicht mit einer guten Sache«, hat der Journalist Hanns Joachim Friedrichs angeblich gesagt. Im Journalismus gilt das immer noch weitgehend als eine Generaltugend: keine Position zu beziehen, sondern nur neutral zu berichten.

Das führt zu zwei Problemen: erstens der schrägen Gewohnheit, immer die Gegenseite gleichgewichtet zu Wort kommen zu lassen. In einer Reportage über die Rundheit der Erde müssten demzufolge also Leute, die glauben, die Erde sei flach, mindestens mal ernsthaft gehört werden. In Talkshows und Berichten bekamen Corona-Leugner aus diesem Bestreben nach Neutralität heraus jede Menge Sendezeit. Zugleich ist dieses Vorgehen gut für Klicks und Einschaltquoten, denn Konflikte sind natürlich spannender als eine eindeutige Position.

Das Problem daran: Manche Dinge sind einfach

unstrittig richtig. Macht ein Journalist sich dann mit ihnen »gemein«?

Zweitens: Journalisten sind auch nur Menschen. Sie haben also eine Herkunft, Vorurteile, Meinungen. Ist es wirklich besser, so zu tun, als sei ein neutrales Berichten überhaupt möglich? Oder wäre es nicht sinnvoller, die eigene Position transparent zu kommunizieren? Sie muss ja auch nicht in Stein gemeißelt sein, darf auch durchaus hinterfragt werden. Aber wie soll man denn sonst das Leben leben? Auch Journalisten wählen und verhalten sich.

Das war für mich lange ein Problem. Glücklicherweise weicht die Hardlinerposition immer weiter auf. Zumal das Friedrichs-Zitat stark verkürzt ist. Ihm ging es eher darum, die grundsätzlichen Rollen abzugrenzen: Journalisten sind keine Politiker und auch keine Entertainer. Und im Idealfall auch keine Werbefiguren. Sondern sie informieren, so gut sie können.

Informationen sind wichtig, und es ist wichtig, eine Information abzugrenzen von einer Meinung. Schließlich kann ich Meinungen haben über irgendwelche Informationen. Ich kann aber auch aus den Informationen die falschen Schlüsse ziehen. Oder jedenfalls Schlüsse, die auch anders ausfallen könnten. Meinungen müssen, können, sollen diskutiert werden. Tatsachen – Informationen – müssen belegt werden oder zumindest belegbar sein. Das unterscheidet sie voneinander.

Aber wozu das Ganze?

Wozu Menschen informieren?

Wozu die Welt philosophisch untersuchen?

Doch wohl, um sie zu verstehen und letztendlich zu gestalten!

So lieferte mir der gute alte Marx mit seiner Maxime das fehlende Puzzlestück zu meinem neuen Jobverständnis.

Ja, ich bemühe mich, die Welt zu verstehen.

Ja, ich bemühe mich, andere über dieses Verständnis zu informieren.

Aber auch: Ja, ich habe eine eigene Weltsicht. Ich habe Überzeugungen, Ansichten, Sorgen, Hoffnungen. Und es ist okay, entsprechend Position zu beziehen, solange klar wird, was sind Tatsachen, was ist Meinung.

Es ist nicht nur okay, es ist sogar notwendig. Denn Informationsübermittlung kann nie neutral sein. Schon in der Themenauswahl und Wortwahl gewichten wir. Wir machen uns mit der einen Sache gemein, mit der anderen nicht.

Kommt es darauf an, die Welt möglichst genau darzustellen oder möglichst korrekt zu interpretieren – und Schluss? Nein. Schon deshalb nicht, weil es ja viele andere, oft schlechter informierte Player gibt, die alles daransetzen, ihre Ziele zu erreichen. Warum sollte das ausgerechnet Journalisten oder Philosophen nicht erlaubt sein? Im Gegenteil: Journalisten sind im Idealfall gut informiert und hinterfragen kritisch. Philosophen denken gründlich nach und wägen ab. Das sind doch gute Gründe, unsere Meinung in die Waagschale zu werfen!

Je länger ich die Welt betrachte, und je nötiger die Welt Veränderung hat, desto wahrer und wichtiger erscheint mir Marx' Erkenntnis: Es geht nicht um die

Deutungshoheit, es geht um die Gestaltungsgewalt! Es kommt darauf an, die Welt (zum Besseren) zu verändern. Was das ist, sollten wir möglichst transparent diskutieren. Dafür brauchen wir keine Pseudoneutralität, die jeder noch so abseitigen Gegenseite eine Plattform bietet. Sondern wir brauchen einen konstruktiven, vertrauensvollen Umgang miteinander. Und gute Informationen und Argumente.

Wo wir schon bei Marx sind, darf ein Verweis auf die berühmte »Entfremdung« nicht fehlen. Denn sie zu verringern war eines seiner Hauptziele. Heutzutage benutzen wir den Begriff anders als Marx. Er meinte: Wenn Arbeiter einen Wert schaffen, daran aber finanziell nur unangemessen beteiligt werden, sind sie ihrer Arbeit entfremdet. Wir sagen: Ich habe den Eindruck, ein kleines, leicht austauschbares Rädchen in einer großen, anonymen Maschinerie zu sein, und außerdem macht mir die Aufgabe selbst überhaupt keinen Spaß.

Die beiden Beobachtungen sind im Regelfall verschwistert, die industrielle Arbeit zu Marx' Zeit machte auch selten Spaß, und die Arbeiter waren fachlich leicht ersetzbar.

Andererseits benannte Marx mit dem Begriff »Entfremdung« ein systemisches Problem des Kapitalismus, wir meinen mit der Klage über die moderne Entfremdung jedoch eher ein arbeitspsychologisches Motivationstief.

Beides sind wichtige Faktoren. Beides sollte geändert werden. Wenn Menschen Freude an ihrer Tätigkeit haben und angemessen dafür bezahlt werden, ist das besser.

Sich für eine entsprechende Veränderung einzusetzen, ist also richtig und wichtig, genau wie dafür, dass die Welt möglichst bewohnbar bleibt.

WAS DIESER SATZ IHNEN SCHENKT:
Mut. Motivation. Haltung.

47.
»Der zwanglose Zwang des besseren Arguments«
(JÜRGEN HABERMAS)

»Nein!«

»Doch!«

»Gar nicht!«

»Selber!«

Manche Diskussionen unter Freunden, egal ob über Sport oder Politik, enden in einer sturen Kabbelei. Dann klingen wir Erwachsenen wie Dreijährige, die kurz davor sind, mit Sand zu schmeißen.

Der Philosoph Jürgen Habermas kann das nicht nachvollziehen. Er geht in seiner *Theorie des kommunikativen Handelns* davon aus, dass wir im Gespräch – und auch im konstruktiven Streit – zum bestmöglichen Ergebnis kommen wollen. Und dann greift »der eigentümlich zwanglose Zwang des besseren Arguments«. Eigentümlich ist dieser Zwang deshalb, weil er zugleich zwanglos ist.

Das könnte man als Oxymoron deuten. Einen Widerspruch in sich, die Quadratur des Kreises.

Doch Habermas bezeichnet mit der Formulierung

gerade nicht etwas Unmögliches. Sondern er meint etwas, das uns verblüfft und erstaunt.

Ein besseres Argument, so seine Sichtweise, ist so überzeugend, dass wir gar nicht anders können als zuzustimmen. Wir sind dazu »gezwungen« – aber eben genau nicht im Sinne des Zwangs, zum Beispiel in einer Diktatur oder auch durch wirtschaftliche Not bedingt.

Wir hören es einfach, uns bleibt der Mund offen stehen, und wir denken: Warum bin ich da nicht selbst darauf gekommen?! Unsere Ansicht ändert sich von einem Moment auf den anderen, und ein Zurück gibt es nicht.

Auch Habermas ist natürlich klar, dass perfekte Formulierungen im Alltag eher, sagen wir mal, selten vorkommen. Trotzdem ist er der Ansicht, wir sollten sie einander sozusagen unterstellen. Ein »kommunikatives Handeln« werde erst möglich durch eine vorhergehende und freiwillige »kommunikative Vernunft«.

Das heißt: Wenn ich mit jemandem streite, achte ich kaum darauf, was die andere Person sagt. Stattdessen bereite ich währenddessen meist nur den nächsten eigenen Beitrag vor.

Ein vernünftiger, sachorientierter und zielgerichteter Diskurs wäre das genaue Gegenteil. Ich höre zu und prüfe die Argumente meiner Gesprächspartner*innen gutwillig, egal wie ungeschickt sie vielleicht präsentiert werden. Und wenn sie oder er etwas sagt, das einfach so verdammt klug ist, dass mir die Kinnlade runterfällt, dann halte ich nicht aus Prinzip dagegen, sondern ändere meine Meinung und gebe das offen zu.

Auf diese Weise wären Debatten möglich, bei denen es darum ginge, gemeinsam aufzubrechen in ein besseres Leben. Egal ob es um Sport oder um Politik geht.

Einerseits kann man schon den Eindruck haben, Habermas schaue aus seinem universitären Elfenbeinturm weltfremd auf die Realität herunter. Denn ganz offensichtlich gilt ja in keiner Talkshow oder Bundestagsdebatte der »zwanglose Zwang des besseren Arguments«.

Andererseits können wir ja auch erst mal vor der eigenen Tür kehren. Mich hat die Idee, mit gutwilligem Vorschussvertrauen und ganz uneitel zuzuhören, geködert. Ich habe es probiert, und seitdem unterbreche ich meine Gesprächspartner*innen seltener. Ich höre erst zu und denke dann darüber nach, was ich entgegnen möchte. Ich habe gelernt, diese Schweigepausen nicht sofort für mich reklamieren zu müssen. Überhaupt sind für mich Auseinandersetzungen nicht mehr so kämpferisch besetzt. Vielfach merke ich auf halber Strecke: Ist doch eigentlich egal. Ich muss dich gar nicht überzeugen, die Sache ist völlig unwichtig.

Das heißt nicht, dass ich dann den Mund halte. Ein erfrischendes Streitgespräch über Fußballtaktik oder die Lebenszufriedenheit der Generation Z finde ich sehr belebend. Ich sehe es jedoch jetzt mehr als anregendes Vergnügen und bin nicht mehr so darauf aus, jemanden zu überzeugen. (Was sowieso leider sehr oft belehrend wirkt, und das kommt gar nicht so gut an, wie ich früher dachte.)

Umgekehrt merke ich manchmal auch: Hey, ich finde das wirklich wichtig. Ich möchte tatsächlich jemanden überzeugen, weil ich wirklich glaube, die besseren Argumente zu haben. Trotzdem schalte ich neuerdings einen Gang runter, bin weniger empört und bleibe ruhiger und sachlicher.

Klar, das klappt nicht immer, manchmal sticht mich der Hafer, manchmal werde ich im Eifer des Gefechts laut. Passiert, aber passiert seltener. Habermas' Erkenntnis hat mich das Ziel von Auseinandersetzungen differenzierter wahrnehmen lassen. Mit wem spreche ich warum worüber?

Mir ist klar geworden, dass nicht jeder Meinungsunterschied gleich eine Debatte sein muss. Man kann sich einfach auch nur gegenseitig erzählen, was wie läuft und wer was denkt, ohne einander von irgendwas überzeugen zu wollen.

Und wenn ich jetzt mit jemandem in ein Streitgespräch gerate, dann wird es nicht immer gleich so ein testosterongeladenes Wettpinkeln. Ich habe nun die Option, mitzumachen oder nicht. Mein Handlungsspielraum ist deutlich größer geworden und mein Debattenverhalten deutlich konstruktiver. Habermas wies auch darauf hin, dass ein idealer Sprechakt die Ehrlichkeit aller Beteiligten voraussetzt. Wenn also jemand lügt (auch: sich selbst in die Tasche lügt), dann kommen wir nicht weiter. Wird das für mich deutlich, dann kann ich a) darauf hinweisen, b) das Thema wechseln, c) mich freundlich aus dem Gespräch verabschieden. Aber ich muss mich nicht mehr an Scheinargumenten abarbeiten.

Eine weitere Konsequenz aus Habermas' Überlegungen

war für mich, keine negativen Kurzkommentare in sozialen Medien mehr zu schreiben. Entweder ich lasse es ganz bleiben. Oder wenn ich wirklich glaube, eine Debatte oder eine Person würden von meinem Senf profitieren, dann wähle ich die Langform. Ein Blogbeitrag, eine Mail, ein Treffen, wenn möglich. Ich versuche, so wenig Öl in irgendwelche Feuer zu gießen, wie ich nur kann.

Und ich erzähle davon. Ich bemühe mich, Sie mit dem zwanglosen Zwang des hoffentlich besseren Arguments davon zu überzeugen, mitzumachen.

Dann kommt das hoffentlich irgendwann sogar in den Talkshows und im Bundestag an.

WAS DIESER SATZ IHNEN SCHENKT:

Konstruktivität. Ruhe. Zugewandtheit. Vorschussvertrauen.

48.
»Aus dem Sein folgt kein Sollen.«
(DAVID HUME)

In den letzten Jahren gab es immer mehr Diskussionen über die Frage, ob »Jungs und Männer eben so sind«. Dann kann man nix machen, und Mädchen und Frauen hätten nur die Wahl, sich möglichst sackähnlich zu kleiden oder am besten gar nicht aus dem Haus zu gehen, um sich vor sexuellen Übergriffen zu schützen.

Bei dieser Sichtweise wird zwar die Ursache durchaus auf der männlichen Seite verortet, die Lösung aber auf der weiblichen. »Ist halt so«, lautet das Argument, mit dem die Verantwortung den (potenziellen) Opfern zugeschoben wird.

Aber wie belastbar ist ein »Ist halt so«? Muss das, was so ist, auch so bleiben?

Weil Natur existiert, ist sie auch schützenswert. So argumentieren viele Umweltaktivisten.

Weil das Zimmer unordentlich ist, sollte es aufgeräumt werden.

Weil in der Natur die Stärksten überleben, ist es okay, wenn die Schwachen sterben.

Doch weil etwas so ist, wie es ist, muss es noch lange

nicht so sein sollen. Es kann sein, dass es besser anders sein sollte. Es kann auch sein, dass die gegebene Situation moralisch gar nicht relevant ist.

Darauf wies unter anderem der britische Philosoph David Hume in seiner Schrift *Ein Traktat über die menschliche Natur* hin. Dass etwas so ist, das Sein, sei eine rein deskriptive Aussage. Wie etwas sein sollte, ist hingegen eine normative Aussage. Solche Forderungen brauchen Begründungen, und »Ist halt so« ist keine. »Das ist besser, weil XYZ« ist hingegen eine.

Anders gesagt: Weder Tatsachen noch Naturgesetze, und erst recht nicht Traditionen (»Das haben wir schon immer so gemacht, also ist es ja wohl gut und richtig so«) eignen sich als Begründungen dafür, wie etwas sein sollte.

Dafür gibt es umfängliche Logikregeln, nach denen normative Forderungen auch im Ausschlussverfahren begründet werden können. Zum Beispiel: »Die Würde des Menschen ist unantastbar« – Grundgesetz, Artikel 1. Hier wurde eine moralische Erkenntnis in juristische Form gegossen. Man könnte sich argumentativ beispielsweise so nähern: Gibt es Menschen, deren Würde verhandelbar sein sollte? Wenn ja, welche und warum? Wenn mir keine einfallen (oder ich keine guten Gründe anführen kann), bleibt nur: Die Würde *aller* Menschen ist unantastbar. Und zwar nicht, weil das derzeit so ist und am besten auch so bleiben soll. Sondern es soll so sein, obwohl es im Moment noch nicht immer und überall der Fall ist.

Die Forderungen des Sollens können also auch über das derzeitige Sein deutlich hinausgehen.

Hume bezog sich dabei erst einmal auf den schleichenden argumentativen Übergang von der Beschreibung zur Forderung. Etwas umfangreicher ist der sogenannte »Sein-sollen-Fehlschluss« (auch: naturalistischer Fehlschluss). Hume beschäftigte sich mit der logischen Struktur des Arguments, der naturalistische Fehlschluss bezieht sich auf die Semantik (die Bedeutung der Worte).

Der frühere Werbespruch »Ich will so bleiben, wie ich bin« oder die ewige Beziehungsentschuldigung »So bin ich halt« bedienen sich aus diesem Pool. Das ist gedanklich durchaus bequem und wirkt daher oft nachvollziehbar. Wenn der Wald mir gefällt, dann ist er doch wohl offensichtlich schützenswert. Wenn die meisten Menschen nach Reichtum streben und ich ein Mensch bin, sollte auch ich nach Reichtum streben.

Natürlich kann es gute Gründe geben, etwas nicht ändern zu wollen. Den Wald abzuholzen oder die Insekten sterben zu lassen beispielsweise ist schlecht für die Umwelt und damit schlecht für uns alle. Das sind wissenschaftliche, überprüfbare Argumente. Wenn wir der Menschheit weiterhin ein gutes Leben ermöglichen wollen, sollten wir bestimmte Regeln einhalten und Maßnahmen ergreifen. Das ist ein moralisches Wenn-dann. Genauso könnte man für den beliebten Clou in der Science-Fiction-Literatur argumentieren, dass es für die Erde doch offensichtlich besser wäre, wenn die Menschheit ausstirbt. Daraus folgen andere Wenn-dann-Forderungen. In beiden Fällen aber folgt aus dem derzeitigen Sein nicht, wie die Welt sein soll(te).

Würde aus dem Sein ein Sollen folgen, wäre es ja auch moralisch prima, dass Katzen ihre Beute zu Tode spielen oder Menschen an Krebs sterben.

Ganz besonders häufig wird dieses Argumentationsmuster genutzt, um ein Recht des Stärkeren zu begründen. Weil Männer stärker sind, sollten sie in der Beziehung auch das Sagen haben. Weil Menschen seit Ewigkeiten Fleisch essen, sollten sie das auch weiterhin uneingeschränkt tun dürfen. Weil ein Gesetz erlassen wurde, sollten sich die Menschen daran halten. Weil der Energiebedarf seit Jahren steigt, muss eben immer mehr Energie erzeugt werden. Weil Männer ihre Triebe nicht gut zügeln können (was ja schon für sich genommen eine steile These ist), sollten Frauen lernen, das zu akzeptieren. Und so weiter.

Faustregel: Wenn jemand versucht, den Status quo beizubehalten, folgt oft ein »Sein-sollen-Fehlschluss«. Das heißt umgekehrt natürlich nicht, dass es keine guten Argumente dafür geben könnte, die derzeitige Situation zu belassen. Die können sehr wohl existieren, und zwar auch dann, wenn jemand sie nicht nennt. Der Argumentationsversuch mittels des naturalistischen Fehlschlusses ist also kein K. o. für diese Position. Aber eine Einladung zur differenzierteren Betrachtung.

Nur ein Beispiel: Die Politologin und Aktivistin Emilia Roig macht geltend, dass die Ehe patriarchalischen Ursprungs sei. Dieser Geist männlicher Überlegenheit würde bis heute zumindest heterosexuelle Ehen durchwehen und Frauen unfrei machen. Die Vorstellung, die Frau sei Eigentum des Mannes, wirke bis heute fort. Das ist jedenfalls eine interessante Überlegung. Ist es möglich – und den Aufwand wert –, ein altes Konstrukt neu zu deuten und sich zu eigen zu machen? Oder wäre es vielleicht besser, wegzukommen vom »Haben wir immer schon so gemacht« und hin zu neuen Partnerschaftsformen, die ja nicht weniger verbindlich sein müssen?

Sicher ist jedenfalls nur, dass nichts so bleiben sollte, wie es ist, nur weil es so ist, wie es ist.

Mit anderen Worten: Die Suche nach einer besseren Option ist die Mühe wert und argumentativ ohnehin unvermeidlich.

WAS DIESER SATZ IHNEN SCHENKT:

Argumentative Distanz. Normative Freiheit.

49.
»Wenn du geschwiegen hättest, wärst du ein Philosoph geblieben.«
(BOETHIUS)

Immer wieder geraten Prominente und Politiker ins mediale Kreuzfeuer aufgrund ungeschickter oder schlicht falscher Aussagen. Ein Beispiel dafür ist der TV-Philosoph Richard David Precht, Mitunterzeichner eines offenen Briefes, der sich gegen die Lieferung von Waffen an die Ukraine in ihrem Kampf gegen den russischen Angriff auf ihr Land wandte. Das fanden viele Menschen wenig nachvollziehbar. Hätte Precht sich nicht geäußert, hätten seine Zuschauer ihn für klüger gehalten.

An den Philosophischen Fakultäten ist Precht sowieso nicht sonderlich beliebt, unter anderem, weil er gar nicht in Philosophie promovierte, sondern als Germanist. Vermutlich aber auch, weil er meinungsfreudiger ist als viele Philosophieprofessoren. Das widerspricht der in diesem Fachbereich weitverbreiteten Grundhaltung, dass man eigentlich alles irgendwie so, aber auch ganz anders sehen kann.

Unter Juristen ist es ähnlich. »Das kommt auf den Einzelfall an« ist dort nur ein Teil des Problems, der zweite lautet: »Vor Gericht und auf hoher See sind alle Menschen in Gottes Hand.« Mit anderen Worten: Wie ein Gericht entscheidet, lässt sich selbst mit bester Gesetzeskenntnis nicht sicher vorhersagen.

Wer in einem solchen Fall also keine Prognosen abgibt, steht hinterher besser da.

Dasselbe gilt, möchte man meinen, auch für Wettervorhersagen. Angeblich werden deren Prognosen von Jahr zu Jahr präziser. Im Alltag ist davon nicht immer viel zu merken. Und wer sich nicht festlegt, ob es heute Nachmittag nun regnet oder nicht, liegt jedenfalls nicht falsch.

Elon Musk ließ Presseanfragen nach der Übernahme von Twitter mit dem 💩-Emoji beantworten. Wenn er geschwiegen hätte …

Dass Ex-Kanzler Gerhard Schröder der Ukraine »Säbelrasseln« vorwarf (und nicht seinem Duzfreund Putin den Krieg), kam nicht gut an.

Auch als der damalige Bundespräsident Christian Wulff eine Drohnachricht auf der Mailbox des damaligen BILD-Chefredakteurs Kai Diekmann für die Ewigkeit festhielt, setzte er einen Skandal in Gang, der ihn letztlich das Amt kostete.

Immer wieder ist der Kampf um die Deutung von im Eifer des Gefechts ungeschickt formulierten Zitaten zu beobachten. Hättest du geschwiegen …

Häufiger zitiert wird übrigens die lateinische Formulierung »Si tacuisses, philosophus mansisses«. Wer die aufsagt, widerspricht im Grunde ihrem Inhalt, aber egal.

Der große Nachteil der Erkenntnis des römischen Philosophen Anicius Manlius Severinus Boethius (lebte um 500) in *Trost der Philosophie* ist die Aufforderung zum sich Drücken und Durchwursteln. Motto: Wer nichts macht, macht nichts falsch. Denn: »Es gibt nur einen Weg, um Kritik zu vermeiden: nichts tun, nichts sagen, nichts sein.« Diese Aussage wird oft Aristoteles zugeschrieben, sie stammt aber vom US-Philosophen Elbert Hubbard (nicht verwandt mit Scientology-Gründer Ron Hubbard).

Um Kritik zu vermeiden, ist das geschickt. Aber falsch kann man durch ein sich tot Stellen natürlich viel machen. Wer ein ertrinkendes Kind nicht rettet, macht sehr wohl etwas falsch. Wer bei der Klimakatastrophe immer noch mit den Schultern zuckt, hoffnungsvoll an der Wissenschaft zweifelt und darüber hinaus die Rettung, falls überhaupt nötig, in grünem Konsum und noch bevorstehenden Erfindungen sieht, macht ebenfalls viel falsch.

Wer maulfaul zusieht, wie Manager Mitarbeiter*innen ausbeuten oder Firmen vernichten, nur um den Aktienkurs oder gar nur den eigenen Bonus zu erhöhen, macht etwas falsch.

Manchmal hat man den Eindruck, wir leben in einer Zeit, in der genau die Falschen Boethius' Tipp beherzigen. Je absurder eine Position, desto lauter wird sie vertreten.

Insofern scheint mir die Aufforderung in zweierlei Weise hilfreich. Erstens: Genau, ich muss nicht zu allem und jedem – und das auch noch sofort – etwas zu sagen haben. Weder in echt noch in sozialen Medien. Manche Überlegung braucht Zeit, manchmal habe ich keine Ahnung. Das ist okay. Durch Senden allein wirkt man nicht klüger. Sondern manchmal eher durchs Klappe Halten. Aber eben zweitens: Wenn es gute Gründe gibt, etwas zu sagen, dann sollten wir es auch tun. Boethius mahnt ja nur an, dass irgendetwas zu sagen als solches uns nicht klüger wirken lässt. Aber wenn unsere Botschaft wichtig ist, sollten wir sie natürlich nicht aus Feigheit oder Bequemlichkeit verschweigen. Zumal in einem solchen Fall das Ziel ja nicht ist, weise zu wirken.

Diese Logik lässt sich schon am Zitat selbst belegen. Hätten Sie Boethius für philosophischer gehalten, wenn er geschwiegen hätte? Bestimmt nicht.

Fazit: Sich zu Wort melden und einmischen, wenn es einen Grund gibt. Aber nicht faseln, um toll dazustehen.

Hat man sich das einmal auf der Zunge zergehen lassen, spart man prompt auch viel Zeit auf Instagram und anderen sozialen Medien. Sagen wir's mal so: Ich glaube, Boethius hätte wenig Mühe auf seine Storys verwendet.

WAS DIESER SATZ IHNEN SCHENKT:

Ruhe. Gelassenheit. Souveränität.

50.
»Wir müssen uns Sisyphos als einen glücklichen Menschen vorstellen.«
(ALBERT CAMUS)

Sisyphos ist eine Figur der griechischen Göttermythologie. Er war selbst kein Gott. Vom Gott Hermes erhält er die Strafe auferlegt, dass er für immer einen Felsbrocken auf einen Berg zu rollen hat. Kurz vor dem Gipfel macht sich das Ding dann leider selbstständig und rollt wieder herunter, woraufhin Sisyphos von vorne anfangen muss.

Deswegen nennt man heute kleinteilige, langweilige, nutzlose Arbeit »Sisyphusarbeit«.

Viele Menschen, die derartige Tätigkeiten ausführen, klagen über das, was Karl Marx »Entfremdung« nannte – sie stehen an einem (imaginären) Fließband und vollführen immer nur die gleiche Handbewegung. Wozu, warum? Derartige Aufgaben gibt es natürlich auch jenseits der maschinellen Fertigung. Viele Bürotätigkeiten bestechen auch nicht gerade durch Abwechslung oder einen erkennbaren Sinn.

Als nun 1943 Albert Camus zu klären versuchte, ob das Leben den Aufwand wert ist, gelebt zu werden, wandte er sich der Geschichte Sisyphos' zu. Und kam in *Der Mythos des Sisyphos* zu dem Schluss, dass wir ihn uns als glücklichen Menschen vorstellen müssten.

Da kann man nur in bester Sesamstraßenmanier fragen: »Wieso, weshalb, warum?«

Camus' Ausgangsposition – mitten im Zweiten Weltkrieg – war die folgende: Das Leben ist sinnlos und absurd. Warum sollte man es leben und nicht lieber Selbstmord begehen? Im Umkehrschluss hieß das: Wer sich nicht selbst tötet, antwortet auf die Frage »Ist das Leben lebenswert?« mit Ja.

Die Menschen würden täglich so tun, als wäre ihr Leben und ihr Handeln sinnvoll und wichtig. Dabei wissen wir alle, dass wir irgendwann sterben müssen. Und Camus jedenfalls war der Ansicht, unser Tun sei letztlich sinnlos. (Hier kann man natürlich aus gutem Grund anderer Meinung sein. Schließlich haben sowohl die Taten Einzelner die Welt schon zum Guten wie auch zum Schlechten verändert. Ebenso haben die gebündelten Kräfte vieler schon Veränderungen bewirkt. Das heißt ja aber noch lange nicht, dass diese Menschen daran Freude hatten. Insofern bleibt das Sisyphos-Rätsel dadurch ungelöst.)

Camus sah die Sache so: Gerade *weil* alles egal ist, sind wir frei. Wir haben nichts zu verlieren (aber auch nichts zu gewinnen). Nur wir allein bestimmen, was wir tun. Durch unser Handeln erzeugen wir unser Wesen – das ist die Grundposition der Existenzialisten, zu denen unter anderem auch Jean-Paul Sartre, Simone de Beauvoir und Søren Kierkegaard gehörten.

Im übertragenen Sinne rollen wir also alle irgendwelche Steine irgendwelche Berge hoch, dann rollen sie wieder runter und wir fangen von vorne an. Endlos und sinnlos.

Warum macht das nun glücklich? Camus meinte: Weil Sisyphos genau wusste, was zu tun ist und was nicht. Sein Schicksal gehörte ihm allein.

Man kann diese These mit einem Bild aus einer ganz anderen Weltanschauung illustrieren. In den letzten Jahren hat das Thema Achtsamkeit große Aufmerksamkeit erfahren. Achtsamkeit bedeutet, wertfrei und aufmerksam wahrzunehmen, was gerade der Fall ist. Man kann achtsam meditieren, aber auch achtsam spazieren gehen, abwaschen oder arbeiten. Wir beobachten unser Tun und haben zugleich die Kontrolle darüber.

Es besteht keine Notwendigkeit, dass wir ausgerechnet jetzt ausgerechnet diesen Teller abwaschen. Aber wenn wir es freiwillig tun und wenn wir unsere Aufmerksamkeit darauf richten, dann fallen Wollen und Handeln zusammen zu einem Moment des Glücks.

Ähnlich hat Camus sich Sisyphos vorgestellt. Ihm blieb nichts anderes übrig, als den Stein den Berg hinaufzurollen. Wenn er sich entschied, diese Aufgabe zu absolvieren (statt zu versuchen, sich umzubringen oder gegen den Willen der Götter irgendetwas anderes zu tun, was ja wohl auch nicht hätte gelingen können), dann konnte er ganz in seinem Tun aufgehen.

Allerdings deutet Camus letztlich dann doch über ein solches Glück am Tun hinaus. Gerade die unüberwindbare Einsamkeit der Menschen führe diese letztlich zur Solidarität mit den Mitmenschen. So verbinden sich die Einzelnen dann doch zu einer Gemeinschaft, und ihr Handeln prägt die Welt.

Relevant scheint mir an der Überlegung nicht so sehr die Frage, ob das Leben absurd ist oder nicht, ob es einen Sinn hat oder haben kann, und wenn ja, welchen. Vielmehr ist die Erkenntnis hilfreich, dass auch eine scheinbar endlose, kleinteilige, entfremdete Aufgabe einem das Leben und die eigene Zufriedenheit nicht kaputtmachen muss. Im Gegenteil: Wer weiß, was sie oder er tut, und was nicht, kann darin Geborgenheit und Glück finden.

Der argumentative Befreiungsschlag besteht in der Erkenntnis, dass wir die Möglichkeit haben, langweilige, repetitive oder nicht selbst gewählte Aufgaben trotzdem als die unseren anzunehmen. Einkaufen, staubsaugen, aufräumen, Steuererklärung, Aktenpflege, Kinderbetreuung, was auch immer. Wir können gegen die Sinnlosigkeit aufbegehren und genau in dieser Revolte zur Akzeptanz finden. Mit anderen Worten: Wir haben die Freiheit, unser Tun positiv zu bewerten. Das Sosein – der Istzustand – kann auf unser Glück einzahlen. Statt zu jammern und uns zu ärgern, können wir glückliche Menschen werden.

WAS DIESER SATZ IHNEN SCHENKT:

Glück. Achtsamkeit. Selbstbewusstsein. Zufriedenheit.

PERSONENREGISTER